중학생을 위한

교과서로 통하는 논술 1-1

중학생을 위한

교과서로 통하는 논술 1-1

초판 1쇄   2006년 2월 20일
초판 3쇄   2007년 1월 15일

저   자   정기철
펴낸이   최종숙
편   집   이은희·공혜정
펴낸곳   도서출판 글누림
　　　　서울 성동구 성수2가 3동 301-80 (주)지시코 별관 3층
　　　　전화 3409-2055 / FAX 3409-2059
　　　　이메일 nurim3888@hanmail.net
　　　　등록 2005년 10월 5일 제303-2005-000038호

ISBN   89-91990-12-6 53370
정가   9,500원

* 잘못된 책은 교환해 드립니다.

중학생을 위한
교과서로 통하는 논술 1-1
정 기 철
수학
사회
영어
음악
국어
윤리
언어
글누림

서 문

　요즘은 어디서나 '논술'이라는 단어를 만날 수 있다. '논술'이라는 단어를 보면 묘한 기분에 빠진다. 좋지만 왠지 마냥 좋아할 수만은 없고, 그렇다고 기분 나빠할 수도 없는 이상야릇한 감정에 빠진다.

　모두가 알다시피, 21세기는 '고도의 지식정보사회'이다. 따라서 우리 아이들이 살아갈 21세기는 고도의 지식과 더불어 고도의 정보 처리 능력도 가지고 있어야 한다. 그리고 이들을 한데 묶어 상승 효과(시너지 효과)를 얻고 더욱 견고하게 하려면 창의력과 체계적인 논리력이 있어야만 한다.

　이러한 관점에서 2008년도 대학 입시부터 논술의 비중을 높이고 논술 교육에 관심을 갖는 것은 무엇보다도 반가운 일이다. 하지만, 논술을 상업적으로 이용하는 것 같아 씁쓸하기만 하다.

　논술을 단순히 입시 제도로 인식하거나 취급해서는 안 된다. 논술은 개인과 사회의 운명이다. 21세기는 5지선다형이나 단답형에 익숙한 인간을 원하지 않는다. 5지선다형과 단답형의 벽에 갇혀 있는 지식이나 정보는 필요하지 않다. 그런 인간과 사회는 21세기에는 고통스럽게 쇠락의 길을 걷게 될 것이다.

　탄탄한 기본 지식과 그 지식을 창의적으로 응용하고 새로운 형태로 조합할 줄 아는 인간과 사회만이 번영의 길을 걸을 것이고 살아남을 것이다. 그래서 우리는 새로운 세기를 맞이하면서 '독서'를 부르짖었다. 하물며, 어느 방송사에는 '책! 책을 읽읍시다'라는 코너를 만들어 독서를 강조하고 '기적의 도서관'을 세우는 데 앞장서기까지 했다. 그리고 온 국민이 열광하고 직간접적으로 참여하였다.

　그러나, 이제 우리 사회(또는 세계)는 독서에서 글쓰기로 그 중심을 빠르게 옮겨가고 있다. 아니, 빠르게 옮겨 갈 것을 요구하고 있다. 그 이유는 독서에서 얻은 지식과 상상력은 다분히 추상적이고 일회적인 특성을 지니고 있다. 따라서 글쓰기를 통해 지식을 구체화하고 견고하게 해야만 한다. 다시 말해, 독서를 통해 얻은 지식과 상상력은 머릿속에서 맴돌다가 어느 순간 사라지기 쉽기 때문에 글쓰기를 통해 현실 생활에서 구체적으로 활용할 수 있도록 해야 한다는 것이다.

　뿐만 아니라, 글쓰기를 통해 이전의 지식·경험들과 독서에서 얻은 지식·경험들이 서로 새로운 의미로 만나고, 새로운 의미와 형태를 갖출 수가 있다. 특히, 글쓰기는 독서와는 달리, 글을 읽을 사람(객관적 세계)과 글을 쓰는 나(주관적 세계)가 끊임없이 영향을 주는 활동이어서 또 다른 새로운 세계를 형성하기도 한다.

글쓰기의 가장 높은 곳에 논술이 있다. 그만큼 논술은 고도의 인간 행위이다. 그래서 논술에는 왕도가 없다. 논술 능력은 풍부하고 깊이 있는 독서를 바탕으로 하여 꾸준한 토론과 글쓰기 연습을 통해야만 쌓을 수 있다. 그리고 이러한 과정 속에서 '삶은 무엇인가?', '어떻게 살아야 하는가?'에 대해 꾸준히 스스로에게 질문하고 그 답을 모색하여야 한다. 논술은 단순한 지식을 묻거나 개인의 글쓰기 능력을 판단하기 위한 것이 아니다. 더욱이 글쓰기 기교를 보자는 것은 더더욱 아니다. 논술은 그 자체가 21세기 교육의 목표이며, 교육 과정이고, 교육의 결과이다. 다시 말하면 논술, 논술교육에는 삶에 대한 철학과 혼이 깃들어 있어야 한다. 그래서 논술은 철학이며, 문학이고, 삶의 역사이다.

무엇보다도 중요한 것은, 중학교 논술교육은 중학교 논술교육다워야 한다는 것이다. 중학교 논술교육이 중학교 논술교육답기 위해서는 몇 가지 자격을 갖추어야 한다.

하나. **교과서 중심이어야 한다.** 교과서 중심이어야 한다는 것은 중학교 논술교육은 중학교 정규교육을 풍부하게 하고 깊게 하는 것이어야 한다는 것을 의미한다. 중학생들은 아직 구체적 조작능력이 완성되지 않았다. 따라서 여러 사항을 종합적으로 고찰해야 하는 고등학생 논술을 피하고 교과서를 중심으로 사고를 깊게 하는 데 주력해야 한다.

하나. **문학 중심이어야 한다.** 중학생이면 사춘기를 시작하는 나이이다. 나만의 삶을 살고 싶은 욕망이 강렬한 시기이다. 어른들의 삶에 반항하면서도 내 삶을 어떻게 살 것인지에 대해 고민하고, 내 삶을 찾기 위해 방황하는 시기이다. 따라서 이 시기의 중학생들은 문학을 통해 많은 삶을 만나고 삶을 사는 여러 방식을 이해하고 깨닫게 된다. 뿐만 아니라, 문학이 지닌 비유와 상징을 통해 상상력과 감수성을 키우고 그 속에서 어휘력과 표현력을 효율적으로 기를 수 있다.

하나. **일상적인 삶 중심이어야 한다.** 이 시기의 학생들은 환상적인 것이나 순정, 하이틴 로맨스, 성적인 이야기에 관심을 갖는다. 그러나 환상성은 이 시기 학생들의 인지 발달을 방해하거나 퇴행을 불러오기도 한다. 또한 현실성을 무시한 순정이나 로맨스는 학생들의 현실 감각을 무디게 하고, 정상적인 인간관계 형성을 방해한다. 따라서 일상, 또는 다분히 일상적인 글이나 현실 사회를 읽을 수 있는 신문 등 각종 미디어를 수업의 자료로 삼아 읽고 토론하고 비판하는 것이 중요하다.

하나. **학습자 중심이어야 한다.** 학습자 중심 교육은 7차 교육과정의 핵심이다. 학습자 중심 교육을 실행하기 위해서는 학습자가 기획하고, 학습자가 스스로를 드러내고, 학습자가 운영하고 평가하는 교육이어야 한다. 따라서 교사는 수업에서 한 발 물러서서 조정자의 역할을 하면 된다. 그리고 학습자의 관심 대상이 무엇인지, 학습자들에게 필요한 것이 무엇인지를 파악하여 제공하는 역할을 하여야 한다. 교과서 역시 마찬가지이다. 무엇을 말하고 가르치려고 해서는 안 되고, 안내하고 제시하는 역할을 충실히 할 수 있어야 한다.

하나. **나 중심이어야 한다.** 이 시기의 학습자들은 구체적 조작 능력이 발달한다. 실험과 시험하기를 좋아하고 어떠한 현상이나 사실 가운데 나를 놓아보거나 나를 대입하는 것을 좋아한다. 그리고 그렇게 할 수 있도록 도와야 한다. 독서와 토론을 수행하는 과정에서도 끊임없이 나를 중심에 놓고 나를 대입할 수 있도록 하여야 한다. 주인공 대신 나를 대입해 보고, 문제 기사를 읽고 토론하면서 그 사건의 주범이나 피해자에 나를 대입할 수 있도록 해야 한다. 그래야만 인간과 인간의 삶을 이해하고 포용하는 폭이 넓어지고 깨달음의 깊이가 깊어진다. 그래야만 사물을 보는 눈이 근원적이 되고 다양해진다. 이러한 능력과 자질을 갖추었을 때, 삶을 행복하게 살 수 있고 논술을 잘 할 수 있는 것이다.

하나. **통교육이어야 한다.** 21세기는 다양성을 넘어 다중의 시대이다. 대학에서도 하나의 전공에 목매던 시대는 지났다. 이제 복수 전공을 지나 다전공 제도가 정착하고 있다. 초·중·고 교육에서 여러 과목으로 나눈 것은 교육의 수월성과 편의성, 그리고 학문의 깊이를 더하고자 하는 의도에서 이다. 하지만, 결국은 그 모두를 통합해야 한다. 각각 지식과 정보를 조합하고 응용해야 한다. 그래서 요즘 통합교육이라는 말을 자주 들을 수 있는 것이다. 그러나 통합이라는 말에는 다른 것들을 하나로 모은다는 뜻이 크다. 따라서 통합교육이 아니라 '통교육'이어야 한다. 학문과 지식은 원래 하나이다. 어떤 의도에 의해, 또는 편의상 그것을 여러 과목으로 나누어 놓았을 뿐이다. 이제 원래대로, 통그 자체를 교육해야 한다. 이것이 바로 21세기 교육과 논술이 지향하는 세계이다.

이 책은 이러한 정신과 철학을 담고 있다. 교과서와 통하고, 학습자 스스로와 통하고, 일상생활과 통하고, 현실의 삶과 통한다. 이것들을 다 묶어서 통으로 통한다. 단순히 논술고사를 잘 보겠다는 천박한 실적주의를 멀리하고 '나'의 삶을 나 스스로 조직하고, 다른 사람과의 원만한 관계를 형성하고, 삶에 대한 확고한 신념과 철학을 지향한다. 그래서 나의 행복을 만들어내고, 건강한 사회를 형성하며, 발전적인 미래와 희망을 낳기 위해 노력하는 '나'를 갈구한다. 그러면서 자연스럽게 논술능력을 갖추게 되는 것이다.

이 책은 2년 전인 2004년부터 계획하고 집필하였다. 그러면서 2년 동안 푹 익게 하였다. 중학교 교과서를 다시 뒤지고, 신문이나 잡지, 인터넷과 끊임없이 소통하였다. 가교재를 만들어 중학생들과 직접 수업을 하면서 아이들의 반응과 수업 효과를 분석하였다. 그리고 가교재를 사용하신 선생님들의 의견을 최대한 수렴하였다. 인생이, 우리의 교육이, 논술이 정답이 있다는 고정관념에서 잠시만이라도 벗어날 수 있다면, 이 책은 우리 중학생들을 행복하게 할 수 있고 수업시간을 재미있는 시간으로 만들 수 있다고 자부한다. 뿐만 아니라, 우리 중학생들을 헛똑똑이 아닌, 참똑똑으로 자랄 수 있도록 도울 수 있다고 자신 있게 말할 수 있다. 그러면서 그 힘으로 대입 논술고사에서도 기대하는 것 이상의 결과를 얻을 수 있으리라는 믿음을 갖고 있다.

이 책을 위해 2년 동안 토론에 참석하고, 자료를 모으고, 학생들의 반응과 선생님들의 의견을 수렴하고 분석하는 데 힘을 모아주신 분들께 감사를 드린다. 박경희, 서진배, 손민영, 송은미, 이선해, 천명은 선생님께 감사드린다. 그리고 이 책에 관심을 갖고 기꺼이 머리와 손을 빌려주신 이명미, 안지순 선생님께도 감사드린다. 이 책을 내주신 글누림 출판사의 이대현 사장님, 책을 예쁘게 꾸며주신 이은희 실장님, 변나영 씨에게도 감사하다는 말씀을 전한다.

2006. 1.

정기철

서문 5

단원 1 **개성과 통념** 11
교과서 관련 단원 2 : 읽기와 쓰기

단원 2 **남성다움과 여성다움** 25
교과서 관련 단원 5 : 삶과 갈등─소단원 2 :「육체미 소동」

단원 3 **체벌, 사랑의 매인가?** 39
교과서 관련 단원 4 : 메모하며 읽기─소단원 3 :
「가정교육의 어제와 오늘」

단원 4 **이기주의와 배려** 55
교과서 관련 단원 7 : 문학과 사회─소단원 3 :「옥상의 민들레 꽃」

단원 5 **디지털과 아날로그** 71
교과서 관련 단원 3 : 생활국어 3 : 정보수집하기

교통논술 **목차**

단원 6 표준어와 은어 87
교과서 관련 단원 4 : 생활국어 4 : 국어 생활의 반성

단원 7 외모와 능력 103
교과서 관련 단원 5 : 삶과 갈등 – 소단원 2 : 「육체미 소동」

단원 8 국가와 개인 115
교과서 관련 단원 7 : 문학과 사회

단원 9 장애인과 비장애인 133
교과서 관련 단원 7 : 문학과 사회(3) : 「옥상의 민들레 꽃」

단원 10 생명존중과 안락사 143
교과서 관련 단원 5 : 삶과 갈등(1) : 「소설 동의보감」

개성과 통념

교과서 관련 단원 2 : 읽기와 쓰기

주제 : 사회적 기준과 개성 중 중요시 되는 것은?

주제선정 배경 : 우리 사회에는 개인의 생각보다 단체의 이익을 따져 행동을 규제하는 기준들이 많이 있다. 또한 자신의 생각과는 다르게 남의 이목을 따져 마음과는 다르게 행동한 경험도 있을 것이다. 어떻게 살아가는 것이 멋진 인생이고, 행복한 삶인지 생각해보고 앞으로의 삶을 계획해보는 시간이 되었으면 한다.

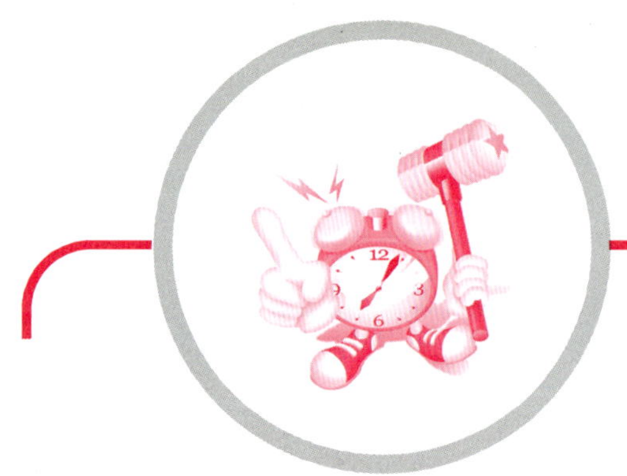

다음은 DJ DOC가 부른 <DOC와 춤을>이란 노래입니다. 함께 불러 보세요.

D   Bm   G   A⁷
그 맛 나 이 무슨 상관 이 예 요 ...   다 같 이 춤 을 춰 봐 . 요 이 렇
그 맛 나 이 무슨 상관 이 예 요 ...   다 같 이 노래 해 봐 . 요 이 렇

D   D   Bm
계
게

난 이게 좋아 편해 밥만 잘먹지 나는 나 예요 상관 말아 요 요 요 청바지
로 빗 이 넘긴 머리 약한 모습 이 예요 감추지말아요 턱턱 빌어 요 요 요

D   F#m   G   A⁷
입 고 서 .   회사 엘 가 도 깔 - 끔 하기만하면 괜 . 찮 을 텐 . 데 여 름

D   Bm   G   A⁷
교 북 이   반 바 지 라 면 깔 - 끔 하고 시원해 편 참 을 텐 데

D   Bm   G   A⁷
사 람 들 눈 의 식 하 지 말 . 아 요 .   줄 . 기 면 서 살 아 갈 수 있 어 . 요 . .

D   Bm   G   A
내 개 성 에 사 는 이 세 상 이 예 . 요   자 신 을 만 들 어 봐 . 요 .

1 DJ DOC는 가수들 사이에서도 '악동'이라고 정평이 나 있지요. 이 노래가 불려질 당시에 있었던 고정관념들도 지금에 와서는 많이 변했어요. 어떤 모습으로 변했는지 살펴보고, 미래에는 어떻게 변할지도 생각해 보세요.

내용	과거	현재	미래
식사예절	젓가락질을 못하면 식사 예절이 없다고 어른들께 혼났다.	'에디슨 젓가락'으로 젓가락 사용법을 배운다.	다루기 힘든 젓가락 대신 쉬운 대체물을 사용하는 것이 현명하다고 생각한다.
머리 모양	그 시절에는 불만이 있다고 표시할 때, 머리를 빡빡 밀었다.		

2 위의 노래에는 우리가 흔히 생각하는 고정관념이 많이 들어있어요. 어떤 고정 관념이 있는지 찾아 보세요.

①
____

②
____

③

④

개성이란 자신만이 갖고 있는 독특한 성격이나 차림을 말하죠. 자신만이 생각하는 독특한 개성은 어떤 것인지 생각해 보세요. 친구의 모습에서도 찾아 보세요.

예) 왼발 오른발의 이름이 달라서 양말도 다르게 신는다.

본수업

다음 글은 교과서에 나오는 「촌스러운 아나운서」라는 글입니다. '촌스럽다'는 것과 '개성있다'는 것이 어떻게 다른지 생각해 보면서 잘 읽어 보세요.

촌스러운 아나운서_이금희

지금도 그렇지만 대학 시절 나는 무척이나 촌스러웠다. 대학을 졸업하고 사회생활을 막 시작할 때가 되어서도 옷차림이나 머리 모양이 대학생들과 별로 다를 게 없었다.

…중략…

세련된 그들에 비해 촌스러운 나를 누가 눈여겨보기나 할까 하는 열등감과 함께, 어쩌면 방송 프로그램에 나갈 기회조차 주어지지 않을지 모른다는 걱정도 들었다. 그래서 어리석게도 뱁새가 황새 따라가는 짓을 하기 시작했다. 동료 아나운서들이 값비싸고 유명한 상표의 옷을 입으면 나는 남대문 시장이나 동대문 시장에 가서 비슷한 옷을 사들였다. 화장품도 이것저것 사서 얼굴에 덕지덕지 발랐다. 눈썹도 더 진하게, 입술 색깔도 더 강렬하게……. 원래 잘하는 화장일수록 은은하고 자연스러운 법인데, 나는 무조건 진하게 그리고 발랐던 것이다. 그러다 보니 어딘지 내 색깔이 없어져 가는 것 같았다. 화면에 나온 모습은 내가 봐도 어색하기만 했고, 옷도 남의 옷을 빌려 입은 듯 불편했다. 그러면서 점차 깨닫게 된 것이 바로 '나다움'이었다. 아무리 그들을 의식하고 흉내낸다 하더라도 나는 결국 나다.

나는 어떻게 해도 그들이 될 수 없다. 그들을 좇아가려고 애쓰다 보면 결국 나다운 것조차 잃어버리게 된다.

그런 사실을 깨닫게 된 것은 당시에 내가 맡았던 프로그램 덕분이었다. 신입 사원 시절, 나는 어린이 동요 대회 프로그램과 고향 소식을 전하는 프로그램을 맡았다. 나중에 알게 된 사실이었지만, 당시 그 프로그램의 담당자들은 나의 촌스러움, 즉 소박함을 높이 사서 나를 그 프로그램의 진행자로 추천했다고 한다.

그런 것이다. 모자란 부분도 시각을 달리해서 보면 장점이 될 수 있다. 촌스러움이 순수함으로 비춰질 수 있고, 세련되지 못한 점이 친근감으로 느껴질 수 있다.

중요한 것은 자기 자신의 기준과 잣대이다. 내가 나를 제대로 봐 주지 않으면 누구도 나를 제대로 봐 줄 리 없고, 내가 나를 사랑하지 않으면 아무도 나를 사랑하지 않을 테니까 말이다

01

위의 글에서 이금희 아나운서가 말하는 '촌스럽다는 것'과 '개성적인 것'은 어떻게 다른지 말해 보세요. 왜 그렇게 말하는지 이유도 말해 보세요.

	촌스럽다는 것	개성적인 것
이금희 아나운서		
나의 생각		

02 우리는 언제 무엇을 보고 '촌스럽다', '개성이 없다'라고 말할까요? 이웃에서 본 일이나, 친구의 행동에서 그 예를 찾아 보세요.

①

②

③

④

⑤

03 **나도 있다!**
여러분도 곰곰이 생각해 보면 남들에게 '촌스럽다'라는 말을 듣지 않기 위해 했던 행동들이 있을 거예요. 자신이 '촌스럽지 않기'위해 한 행동이 더 '촌스러웠던' 일들을 말해 보세요.

예) 여자 친구를 만나기 위해 머리에 헤어 젤까지 바르고 나갔는데, 머리카락이 서로 엉켜 안 감은 머리처럼 지저분하게 되었다.

①

②

③

04 사회가 정한 기준(틀)이 내가 생활하는 데 불편하다고 느낀 적은 없었나요? 그럼에도 불구하고 사람들이 그런 기준을 따르며 사는 이유는 무엇일까요?

불편한 사회적 기준	따라야 하는 이유

05 개성이란 자신만이 갖고 있는 독특한 성격이나 차림을 말하죠. 개성이란 말을 여러 가지 의미로 뜻풀이를 해 봅시다.

개성이란?

예) 시험을 보는 날에는 누가 물어봐도 대답을 안 한다.

①
②
③
④
⑤

06 더불어 사는 사회에서 우리는 여러 가지 사회적 기준을 정해 놓고 맞춰 살고 있습니다. 그러나 그 기준은 우리를 불편하게 만든 점도 많습니다. 개성과 사회적 기준 중에 더 중요한 것이 무엇인지 생각해 보고, 그렇게 생각하는 근거를 찾아 표에 적어 보세요.

주장	
근거	

07 6번에서 찾은 근거를 참고로, 개성과 사회적 기준 중에 무엇이 더 필요한지 생각하여 논술문을 써 보세요.

다음 이야기는 KBS 2에서 매주 방영되는 <인간극장>에서 찾은 자료입니다. 명문대 출신 엘리트 부부가 아무 연고도 없이 산골로 들어가 생활하는 모습을 보여주는데, 그들은 왜 산골로 가게 되었는지 생각하며 잘 읽고 물음에 답해 보세요.

방송 일시 : 2005년 1월 3일(월)~1월 7일(금)-KBS 2 <인간극장> 오후 8:55~9:25

이보다 더 좋을 순 없다-5부작

서울대 출신 박범준(32) 씨와 카이스트 출신 아내 장길연(30) 씨. 두 사람은 대학을 졸업하고 벤처회사를 운영하며 탄탄대로를 달리고 있었다. 그러나 도시생활은 그들에게 숨 돌릴 여유조차 주지 않았다. 성공이란 단어에 집착한 나머지 진정 살면서 느껴야할 행복이나 만족은 점점 딴 세상 얘기처럼 들렸다.

처음 가족들에게 산골 행을 알렸을 때 두 사람을 이해해주는 사람은 아무도 없었다. 도시에서 소위 '엘리트'로 통하는 두 사람이었기에 그러한 반응은 어쩌면 당연했는지도 모른다. 하지만 부와 명예보다는 '행복감'이 필요했던 부부는 지금의 선택에 조금의 후회도 없다.

결국 부부는 모든 것을 접고 산골 행을 결심했다. 그리고 치밀하게 준비를 해 시작하게 된 산촌생활. 그러나 산골생활은 생각만큼 녹녹치 않았다. 더구나 유난히 춥고 길다는 산골의 겨울이 이제 시작되려고 하는데……

명문대라는 이름표를 뒤로하고 '부유하게'가 아닌 '행복하게' 살기를 선택한 부부. 그들의 첫 번째 겨울이야기 속으로 함께 들어가 보자.

▶ 만만치 않은 산촌생활-그리고 첫 겨울 나기

　박범준·장길연 부부가 평생을 보내기로 선택한 곳은 우리나라 3대 오지로 통하는 무주 산골이다. 버스는 고사하고 일반승용차도 들어가기 힘든 '깡촌'에서 빈집을 개조해 살림을 꾸리기 시작한 두 사람. 산촌생활을 결심한 후부터 혹시라도 갑자기 아플 때를 대비해 민간요법을 익혔고 빵이 먹고 싶어질까 제빵 기술을 배우기도 했다. 그러나 도시에서 나고 자란 두 사람이 첩첩산중에서 살아가기란 그리 쉬운 일이 아니다. 처음 무주로 들어와서 가장 문제가 됐던 건 화장실이었다. 마음 놓고 편하게 볼 일을 볼 수 있는 공간이 없어 고심하던 부부. 결국 미리 배워뒀던 목공기술로 재래식 화장실을 만들어 사용하고 있지만 그 모양이 원시시대 움집과 같아서 손님들이 오면 놀라곤 한다.

　부부가 사는 곳은 워낙 산골이라 가장 가까운 이웃집이 1km 거리에 있다. 도시에서처럼 이웃간의 소식도 모르고 살기는 싫어 가끔씩 마을 사람들에게 피자(Pizza)를 만들어 대접하기도 하는 두 사람. 필요한 것은 얻어오고 남는 것은 나누며 살다 보니 '이것이 진정 행복이구나' 하고 느낀다. 3월에도 눈이 오는 무주에서 겨울준비에 눈코 뜰 새가 없는 두 사람. 처음 맞이하는 겨울이기 때문에 설렘 반 긴장 반으로 준비를 하지만 도시 출신이라서 그런지 만만치가 않다.

위의 글에서 도시 생활을 하던 부부가 갑자기 도시를 떠나 산골로 들어가 생활한 이유는 무엇인가요?

위의 글에서 말하는 '부유하게'와 '행복하게'는 어떻게 다른지 자신의 생각을 정리해 써 보세요.

부유하다 :

행복하다 :

여러분이 생각하는 '멋진 인생'은 무엇이라고 생각하나요? 내가 닮고 싶은 나만의 인생 모델을 다른 친구에게 소개하고 왜 닮고 싶은지 이유도 써 보세요.

인생 모델 :

이유 :

'멋진 인생'은 여러분이 생각하는 '개성적인 삶'과 비슷할까요? '멋진 인생'과 '개성적인 삶'이 얼마나 부합하는지 적어 보세요.

남성다움과 여성다움

교과서 관련 단원 5 : 삶과 갈등 – 소단원 2 : 「육체미 소동」

주제 : 남성다움과 여성다움은 있는가?

주제선정 배경 : 옛날에는 남성이 하는 일과 여성이 하는 일의 구분이 뚜렷했다. 하지만 사회가 발전하면서 남녀가 하는 일의 구분이 흐려졌고, 그 인식도 많이 달라졌다. 그런데도 아직 성차별을 느끼는 부분이 많이 있다. 남성다움과 여성다움의 뜻을 이해하고, 인간답게 살기 위해 우리가 할 수 있는 노력들을 생각해 보는 주제이다.

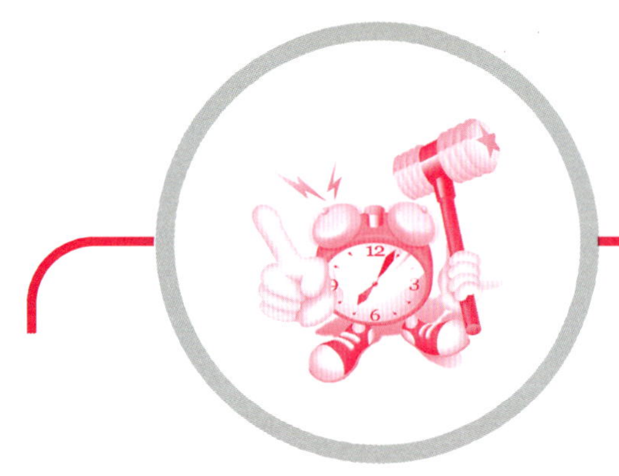

 다음 글은 앤서니 브라운의 『돼지책』의 일부분입니다. 다음 글을 읽고, 물음에 답하세요.

피곳 씨는 두 아들인 사이먼, 패트릭과 멋진 집에 살고 있었습니다.

멋진 정원에다, 멋진 차고 안에는 멋진 차도 있었습니다.

집 안에는 피곳 씨의 아내가 있었습니다.

"여보, 빨리 밥 줘." 피곳 씨는 아침마다 외쳤습니다.

그러고는 아주 중요한 회사로 횅하니 가 버렸습니다.

"엄마, 빨리 밥 줘요." 사이먼과 패트릭도 외쳤습니다.

그러고는 아주 중요한 학교로 횅하니 가 버렸습니다.

피곳 씨와 아이들이 떠나고 나면, 피곳 부인은 설거지를 모두 하고,

침대를 모두 정리하고,

바닥을 모두 청소하고,

그러고 나서 일을 하러 갔습니다.

"엄마, 빨리 밥 줘요."

아이들은 아주 중요한 학교에서 돌아와 저녁마다 외쳤습니다.

"어이, 아줌마, 빨리 밥 줘."

피곳 씨도 아주 중요한 회사에서 돌아와 저녁마다 외쳤습니다.

…중략…

피곳 부인은 어디에도 없었습니다.

벽난로 선반 위에 봉투가 하나 있었습니다.

피곳 씨는 그 봉투를 열어 보았습니다.

안에는 종이가 한 장 들어 있었습니다.

"너희들은 돼지야!"

"이제 어떻게 하지?" 피곳 씨가 말했습니다.

피곳 씨와 아이들은 손수 저녁밥을 지어야 했습니다.

시간이 많이 걸렸습니다. 그리고 아주 끔찍했습니다.

다음 날 아침, 피곳 씨와 아이들은 손수 아침밥을 지어야 했습니다.

시간이 많이 걸렸습니다. 그리고 정말 끔찍했습니다.

다음 날 그리고 그 다음 날 밤, 또 그 다음 날에도

피곳 부인은 집에 돌아오지 않았습니다. 피곳 씨와 사이먼과 패트릭은 굶지는 않았습니다.

하지만 설거지를 하지 않았습니다. 빨래도 하지 않았습니다.

곧 집은 돼지우리처럼 되었습니다.

"엄마는 언제 돌아와요?"

끔찍한 저녁을 먹고 나서 아이들이 꽥꽥거렸습니다.

"낸들 알겠니?" 피곳 씨가 꿀꿀댔습니다.

피곳 씨와 아이들은 점점 더 심술을 부렸습니다.

어느 날 밤, 집에는 먹을 게 하나도 없었습니다.

"온 집 안을 샅샅이 뒤져서 음식 찌꺼기라도 찾아야 해."

피곳 씨가 씩씩거렸습니다. 그런데 바로 그 때, 피곳 부인이 걸어 들어왔습니다.

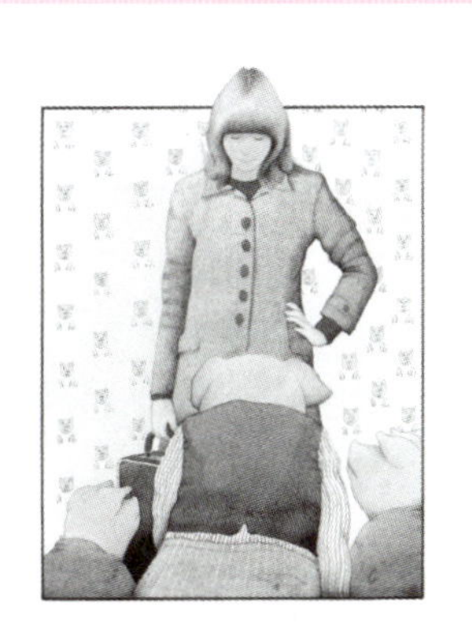

그래서 피곳 부인은 집에 있기로 했습니다.

피곳 씨는 설거지를 했습니다. 패트릭과 사이먼은 침대를 정리했습니다. 피곳 씨는 다림질을 했습니다.

그리고 피곳 씨와 아이들은 요리하는 것을 도왔습니다. 요리는 정말로 재미있었습니다. 엄마도 행복했습니다. 엄마는 차를 수리했습니다.

☞ 앤서니 브라운, 『돼지책』, 웅진닷컴, 2002.

엄마는 멋진 집과 멋진 차, 그리고 사랑하는 가족을 두고 집을 나갔어요.
엄마가 왜 집을 나갔는지 이유를 써 보세요.

① ____

② ____

③ ____

피곳 씨의 집과 우리 집의 모습은 어떻게 다른지 생각해 보세요. 평일의 모습과 휴일의 모습은 어떻게 다른지도 써 보세요.

우리가족 생활 엿보기		
	평일의 모습	휴일의 모습
엄마		
아빠		
나		

3 우리 집에서 '이럴 때 나는 성차별을 느낀다.'고 생각한 일들을 적어 보세요. 우리 일상과, 명절 때, 놀러 갔을 때 등의 일들을 떠올려 보세요. 그리고 100점 만점으로 한 '성차별 지수'도 매겨보세요.

예) 명절 때 여자들만 요리한다.　　　　　　　　　　　　(75점)

①　　　　　　　　　　　　　　　　　　　　　　　　　（　　점）

②　　　　　　　　　　　　　　　　　　　　　　　　　（　　점）

③　　　　　　　　　　　　　　　　　　　　　　　　　（　　점）

④　　　　　　　　　　　　　　　　　　　　　　　　　（　　점）

⑤　　　　　　　　　　　　　　　　　　　　　　　　　（　　점）

본수업

 다음 글은 『아빠는 요리사, 엄마는 카레이서』의 일부분입니다. 글을 읽고, 내 생각과 작가의 생각이 어느 면에서 일치하는지 생각해 보고, 다음 물음에 답해 보세요.

나는 초등 학교 2학년이고
이름은 이슬아입니다.
우리 집은 호텔 요리사인 아빠와 카 레이서인 엄마,
그리고 나 이렇게 세 식구가 살고 있어요.
아참! 깜빡했어요. 우리 집 귀염둥이 보그를
빼놓을 뻔했어요.
눈이 동그랗고 은색 털을 가진 강아지예요.
요즘 엄마는 나만 보면 '아이, 머리 아파.' 하면서
머리를 감을 때처럼 머리 마사지를 합니다.
왜냐고요? 내가 요즘 말썽을 일으키기 때문입니다.
어제도 내 짝 준한이랑 싸워서 준한이 얼굴에
손톱 자국을 냈어요.
그래서 준한이 엄마가 우리 집에 와 막 화를 냈어요.
참 이상하죠?
준한이 엄마가 아빠한테 화를 내고 갔는데, 아빠는
머리가 안 아픈데 엄마가 아프다니 말이에요.

그런데 어쩌죠? 오늘 또 싸움을 했어요.

31대 1, 아니 선생님까지 정확하게 32대 1로.

이러니까 내가 대단한 싸움꾼 같지요?

바른 생활 시간에 부모님과 우리가 집에서

할 수 있는 일은 어떤 것이 있나 알아보기였어요.

선생님이 칠판에 이렇게 쓰셨어요.

아빠가 하시는 일: 청소하기, 전등달기, 운동하기
엄마가 하시는 일: 밥하기, 빨래하기, 설거지하기

난 선생님이 잘못 쓰신 것 같아 손을 들고 선생님을
불렀어요.

"선생님, 틀렸어요."

선생님이 고개를 갸웃거리며 날 보았어요.

"설거지와 밥은 아빠가 하는 거예요."

내 말이 끝나기 무섭게 아이들이 '와하하' 웃었어요.

"슬아는 바보다. 그건 엄마가 하는 일이야."

내 짝 준한이가 손가락질까지 하며 크게 말했어요.

그러자 아이들이 입을 모아,

"맞아."

하고 합창을 했어요.

"아니야."

난 아이들에게 질세라 크게 말했어요.

"슬아, 장난하면 안 된다."

선생님이 눈을 동그랗게 뜨고 말씀하셨어요.

"설거지와 밥은 아빠가 하는 일이에요."

아이들이 다시 웃음을 터뜨렸어요.

내 짝 준한이가 제일 많이 웃어 난 화가 나

준한이 팔을 꼬집었어요.

그런데 준한이가 바보처럼 '으앙' 소리내어 울잖아요.

선생님은 준한이를 달래더니 날 무서운 눈으로

바라보셨어요.

꼭 마귀 할멈 같았어요.

내가 울먹거리자, 선생님은 얼른 얼굴 표정을

바꾸며 부드럽게 말씀하셨어요.

"가끔은 아빠들이 엄마를 도와 주려고 밥하고

빨래도 하시죠."

그러자 아이들이 신이 나 한 마디씩 했어요.

"우리 엄마가 아프셨을 때 아빠가 밥을 하셨어요."

"엄마가 학교 친구 모임에 가셨을 때 아빠가 밥을

하셨어요."

선생님은 환히 웃으시며,

"그래요, 아빠들이 가끔은 할 수 있는 일이죠."

하셨어요.

"아니에요. 우리 아빠는 매일 밥하고 설거지해요.

그건 아빠가 하는 일이에요."

"슬아야!"

선생님은 다시 얼굴을 찡그리셨어요.

"슬아는 엄마가 많이 아프시니?"

"아니오."

"요즘은 엄마가 직장에 나가시고 아빠가 집안 일을

하시는 분이 있지요. 슬아네도 그런가 보죠?"

선생님이 뭔가 잘못 알고 계시나 봐요.

난 아빠가 호텔 요리사라고 말했어요.

그런데 선생님 눈이 왕사탕만해지며 아빠가

직장에 나가시는데 매일 밥하고 빨래를 하냐고

물으셨어요. 난 그렇다고 대답을 했어요.

선생님 얼굴이 가을 햇살에 익어 가는 고추같이

변하며 '어쩜, 어쩜' 하시더니 엄마가 많이

아프시냐고 다시 물으셨어요.

"우리 엄마는 카 레이서인 걸요."

"뭐?"

"경주용 자동차 선수요."

난 큰 소리로 자랑스럽게 말했어요.

☞ 목온균, 『아빠는 요리사, 엄마는 카레이서』, 국민서관, 2001.

01 이런 행동, 여자답다(?) 남자답다(?)
다음 표를 보고, 자신이 그렇다고 생각하는 부분에 ○표 하세요.

	내 용	여자답다	남자답다
1	목소리는 크고 봐야 한다		
2	외출할 때에는 자외선 차단제를 바른 후 외출한다		
3	사랑하는 친구를 위해 이벤트를 준비한다		
4	바쁘더라도 헬스클럽은 다닌다		
5	드라마보다는 공포영화를 더 좋아한다		
6	불량배를 만나면 맞서 싸운다		
7	길을 가다 급한데, 화장실이 없다면 으슥한 곳에서 해결한다		

8	머리가 나쁜 건 용서해도 못생긴 건 용서 못한다		
9	배가 고프면 식당에 가서 해결한다		
10	배가 고파도 몸매를 위해선 꼭 참는다		
11	설거지, 청소 하는 것을 즐긴다		
12	사랑 고백은 내가 먼저 한다		
13	예쁘다는 소리보다는 멋지다는 소리가 더 좋다		
14	간호사가 되고 싶다		
15	쇼윈도우에 걸려 있는 예쁜 옷을 보면 사고 싶다		
16	가정 경제는 내가 책임진다		
17	분홍색이 좋다		
18	군인이 되고 싶다		
19	못은 내가 박는다		
20	취미가 요리다		

02

위의 글에서 작가는 우리가 흔히 생각하듯이 요리는 여자가 하고 카레이서는 남자가 하는 직업이라는 생각을 깨뜨렸어요. 여러분의 생각은 어떤가요? 자신의 생각과 작가의 생각을 비교하여 정리해 보세요.

공감해요	그래도 좀…

03 여러분이 생각하는 남성의 직업과 여성의 직업에 대해 벤다이어그램 표에 적어 보세요. A에는 남성 직업을, B에는 여성 직업을 적고, 겹치는 부분에는 남자와 여자 모두 가능할 것 같은 중성적인 직업을 찾아 적어 보세요.

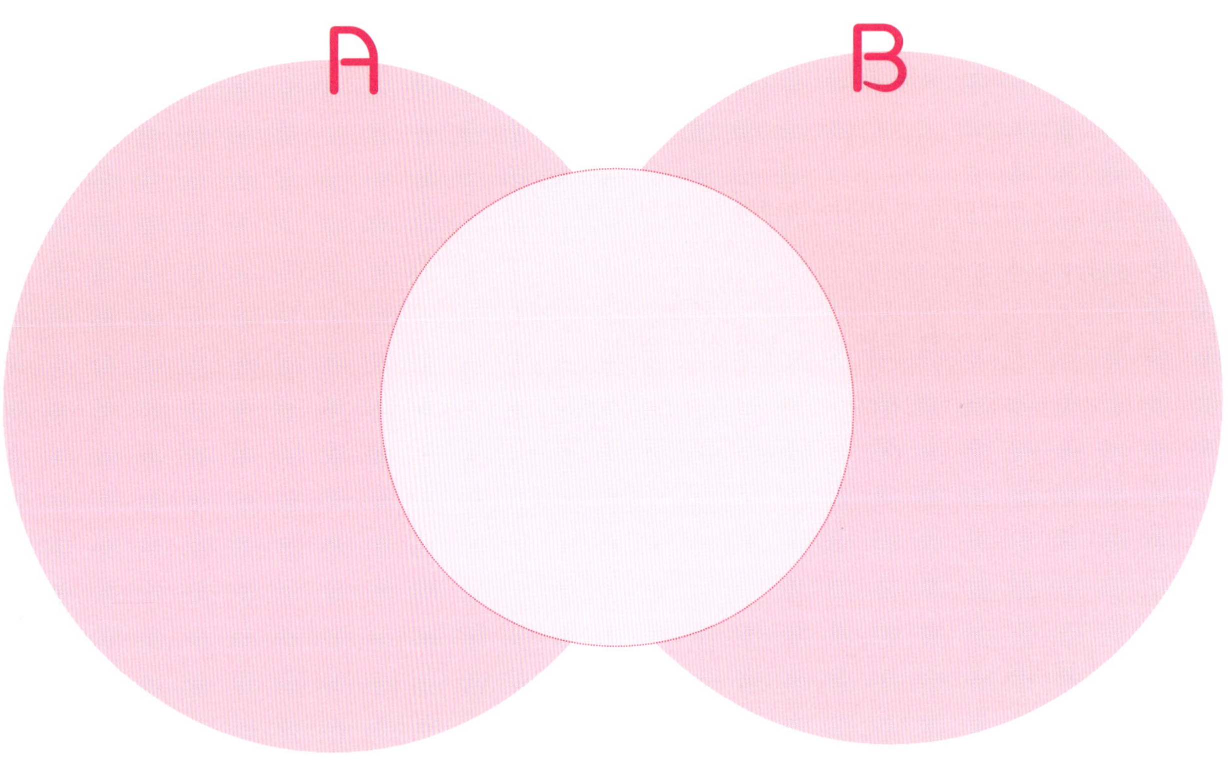

04 위의 표에서 여성적 직업과 남성적 직업을 어떤 근거로 적었는지 그 이유를 찾아 보세요. 왜 그 직업은 여성이 적합한지, 남성이 적합한지를 말해 보세요.

여성적 직업이라고 생각하는 이유

남성적 직업이라고 생각하는 이유

05 여러분이 아파서 병원에 갔는데, 주사실에서 남자 간호사가 주사를 놓으려 해요.
여러분은 그 병원에 다음에도 계속 갈 것인지 말하고 그 이유도 써 보세요.

간다	
안 간다	

다음의 「광수생각」을 보고 물음에 답해 보세요.

운전할 때, 성별을 따질 수 있을까요? 만화에서처럼 자동차 접촉사고가 났을 때, 대부분은 우스갯소리로 목소리 큰 사람이 이기게 돼 있다고 말을 합니다. 위의 만화에서는 불필요한 말로 서로 화만 더하고 있어요. 여러분이 보기에 이런 상황에서는 어떤 대화를 주고받아야 사건 해결에 도움이 될지 이야기해 보세요.

남자 운전자 :

여자 운전자 :

남자 운전자 :

여자 운전자 :

남자 운전자 :

여자 운전자 :

여러분은 학교나 사회에서 성차별을 받고 있다고 생각할 때가 있었나요? 어떨 때 그렇게 느꼈었는지 말해 보세요.

예) 피부가 햇빛에 노출되면, 피부암에 걸린다고 해서 썬크림을 발랐더니, 선생님이 남자가 계집애 같이 화장한다고 놀리셨다.

나부터 바꿔 보자!

여러분이 느끼는 성차별 느낌은 아마 다른 친구들도 한두 번은 느꼈을 거예요. 나부터 이런 성차별적인 발언을 바꿔보자고요. 여러분이 꿈꾸는 양성평등의 그날을 위해 자신의 마음가짐을 말해 보세요.

① 앞으로 설거지와 방청소는 남동생과 함께 하겠다고 엄마께 말씀드리겠다.

②

③

④

⑤

⑥

체벌, 사랑의 매인가?

교과서 관련 단원 4 : 메모하며 읽기 – 소단원 3 :「가정교육의 어제와 오늘」

주제 : 체벌, 사랑의 매인가?

주제선정 배경 : 조선시대 화가 김홍도의 〈서당〉이라는 그림 중에서 훈장 어른께 종아리를 맞으며 우는 아이를 보았을 것이다. 그림에서처럼 체벌은 오래전부터 교육을 위해서 행해지고 있었다. 그러나 '사랑의 매'였던 체벌이 사적인 감정으로 인해 사고가 잇따르면서 체벌에 대한 찬·반론이 사회문제가 되기 시작하였다. 이번 주제에서는 체벌에 대한 찬·반 양측 의견을 듣고 자신의 생각을 정리해 보는 시간이다.

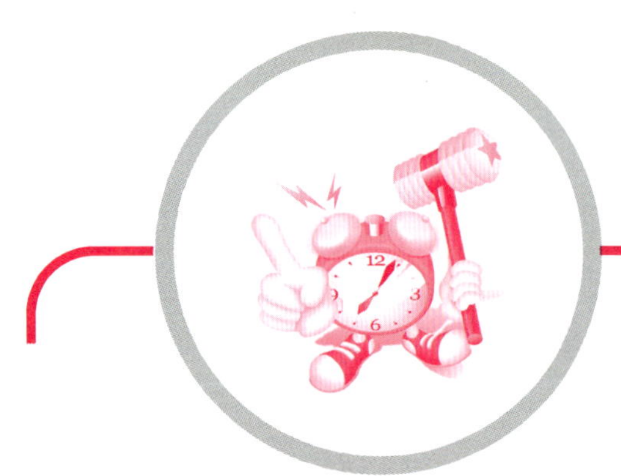

도입

 다음의 이야기는 이성훈 기자가 자신의 학창시절을 떠올리며 수필형식으로 쓴 글입
니다. 여러분의 학교생활과 비교하며 잘 읽고 물음에 답해 보세요.

"그때는 정말 엄청나게 많이 맞았지요."

　나는 고등학교를 떠올리면 도시락 두 개와 매 맞던 일이 가장 많이 생
각난다. 양어깨에 하나씩 짊어졌던 도시락과 무거운 책가방, 그리고 너무
나 입기 싫었던 교복들……. 가끔씩 사복을 입고 가던 날은 그렇게 즐거
울 수가 없었다. 학력고사 마지막 세대라서 무조건 외우고 봐야했던 당시
공부형태를 지금 생각하면 우습기만 하다. 한 달에 한 번씩 모의고사를
볼 때면 수학 주관식에는 '0'이나 '1', '-1'이 답 중에 한 가지가 꼭 들어
가 있었고 영어 주관식에는 'that'이라는 접속사를 넣다 보면 대충 답이
맞아 들어갔다. 취미생활이나 특기란을 살펴보면 학생들은 독서와 음악감
상이라는 획일적인 답이 대부분이었다. 나 역시 특별히 책을 좋아하지 않
았지만 으레 독서와 음악 감상을 적어야만 한다는 생각을 했다. 당시 고
등학생들에게 특기는 국·영·수이고 취미생활은 암기과목이었다. 모의고
사가 끝나고 가채점한 결과를 선생님께 제출하면 성적표가 날아올 때까지
는 가슴이 두근거리고 초조해진다. 한 대라도 덜 맞으려고 가채점 결과를
약간 높게 잡을 때도 있고, 진짜 점수를 높게 나오기 위해 가채점을 아주
낮게 잡을 때도 있었다. 한번은 영어 시험이 1번부터 10번 이상까지 하나
도 맞지 않고 줄줄이 틀려서 답안지를 잘못 보았는지 몇 번이고 확인한
적이 있었다. 다 틀릴 확률이 거의 없기 때문이었다. 당황한 나는 친구들
시험지와 비교해 보았으나 결과가 뒤집어지지 않았다.

　　며칠 후 성적표를 받아보니 그것은 현실이 되었다. 눈감고 찍어도 그렇게 나오지는 않았을 텐데 마법에 걸린 듯이 나는 줄줄이 답을 비껴갔던 것이다. 그리고 반 전체 성적이 떨어져서 하위권에 넘나들면 반전체가 담임선생님의 눈초리에 벌벌 떨기도 했다. 고1 때는 수학 선생님이 찍어준 문제가 모의고사에 그대로 나온 적이 있었다. 나를 비롯한 학우들 몇 명은 그 문제를 틀려서 모질게 매를 맞았던 일이 있었다. 그런데 선생님은 때리고 난 다음에 그 문제를 칠판에 써놓고 풀어보라고 하지 않는가? 엉덩이와 장딴지가 퉁퉁 붓고 아파서 정신이 없는데 그 문제가 눈에 들어올 리 없다. 아마 매를 맞지 않았더라도 그 문제를 풀지는 못했을 것이다. 결국 맞은 곳을 또다시 호되게 맞았던 아주 원통한 일을 당한 적이 있었다. 10년 전만 해도 체벌에 대해 사회적으로 그다지 문제가 되지 않았던 터라 당시에는 온몸을 이용해서 학생들을 때렸던 교사들이 더러 있었다. 나는 고등학교 시절에 사고를 쳐서 맞았던 적은 거의 없었다. 대부분 성적이 좋지 않아서 매를 맞았다. 담임선생님이 나를 부르면 일단 맞고 나서 상담이 시작되었던 것이다. 이리저리 매를 맞아 보았지만 성적은 결코 오르지 않았고 늘 제자리에서 왔다 갔다 했다. 한때는 대학을 포기하겠다고 생떼를 쓰면서 선생님께 반항하던 적도 있었고, 도저히 선생님들의 얘기를 받아들일 수 없어서 마음속으로만(?) 거칠게 항의했던 적도 많이 있었다. 직접 반항하기에는 현실이 너무나 혹독했기 때문이다. 집과 학교의 거리는 걸어서 약 10분 정도 되는 아주 가까운 거리이다. 그러나 학창시절에는 늘 지각을 했다. 나는 항상 등교시간이 다 되어서 줄기차게 헐떡거리며 뛰어다니는 '헐떡맨'이었다. 학교와 가까이 집이 있는 학생들이 대체로 지각을 많이 한다고 하니 참 미스테리한 일이다. 10분 거리의 학교를 다시 찾아오기까지 10년의 세월이 흘렀다. 그동안 가보려고 마음먹었던 적이 많았는데 왜 한번도 찾아보지 못했을까.

☞ <오마이 뉴스>, 이성훈 기자, 2003.9.25.

1 선생님들은 체벌을 하실 때, 자신만의 독특한 방법이 있어요. 여러분의 학교 선생님의 체벌 유형을 살펴볼까요? 꼭 체벌이 아니더라도 그 선생님마다의 독특한 공포 분위기 형성 방법도 살펴 보세요.

국어 선생님 :

수학 선생님 :

체육 선생님 :

2 여러분도 선생님께 체벌을 받은 적이 있을 거예요. 왜 맞았었는지 생각해 보고, 체벌 받을 때의 기분과 한참 후에 생각했을 때의 기분이 어떻게 다른지 이야기해 보세요.

언제 맞았나?	
왜 맞았나?	
그때 기분은?	
지금 기분은?	

3 이런 애는 맞아도 싸!

여러분의 학교나 학원에서 수업 분위기를 망쳐 단체 기합을 받게 하거나 친구들을 괴롭히는 학생을 어떻게 생각하나요? 그런 아이는 선생님께 혼나도 별로 마음 아프지 않게 되지요. 어떤 꼴불견 학생이 있는지 지금 이야기해 보세요.

이런 학생을 고발합니다.

 다음 글은 사이트에 나온 체벌에 대한 찬·반토론입니다. 잘 읽고 물음에 답하세요.

강기원(sftew) : 솔직히 요즘 대부분 학교에서 볼 때 체벌이라 하면 학부모나 학생 눈치 보기에 바쁘죠. 그렇다고 체벌을 하지 않으면 당연히 애들은 기고만장해서 선생님에게 대들고 있죠. 저는 개인적으로 때에 따라 체벌은 필요하다고 생각합니다. 물론 사람을 때린다는 건 비도덕적이고 무분별한 폭행이 될 우려도 있다고 생각합니다. 다만 어디까지나 교사는 대한민국의 미래를 만드는 기초적이지만 중요한 분들이라고 생각하기에 그리고 아무나 할 수 없고 또한 막중한 임무를 띠는 직업이라고 생각하기에 그분들 또한 대한민국의 미래를 생각하신다면 학생들을 비도덕적으로 또는 비인간적으로 체벌하리라고 생각지는 않습니다. 아직 자아나 도덕적인 사고 분별이 어려운 아이들에게 매는 어떻게 보면 약이 될 수 있지만 독이 될 수 있는 양면성이 있다고 생각합니다.

손님 11-10 : 물론 옳으신 말씀이기는 합니다. 선생님의 잘못이 아니라, 체벌은 바람직한 교육수단이 아닐 뿐더러 필요하지 않아도 된다는 거죠. 체벌의 강도는 갈수록 세지고, 아이들은 순간 선생님이 밉고 화날 뿐더러 갈수록 폭력적이 된다는 거죠. 굳이 따진다면 체벌은 폭력을 가르치는 것과 같다는 겁니다.

비밀이야, ㅋ(asdf1234) : 체벌에 대한 나의 견해-단지 아이들을 통제하기위한 한 가지 수단이다. 아이들은 학교에 통제 받으러 다니는 게 아니다. 고로 체벌은 없어져야 한다. 말로 해서 안 된다? 될 때까지 해라. 공부는 될 때까지 하라면서 왜 말로는 될 때까지 안하는지. 그래도 안 된다구? 그건 선생으로서 자질의 문제가 아닌지요, 누가 선생님 하랍디까? 꼬우면 다시 수능 봐서 의대가세요. 자질이 없다면 선생을 때려 치워야지. 안 그렇습니까. 아이들이 불쌍합니다. 특히 어이없게 맞을 일도 아닌데 오버해서 때리는 사람들 그런 선생들 다 잘라야 합니다. 수업준비나 좀 하시죠. 애들 때릴 시간에, ㅋ

손님 08-04 : 요즘 애들 완전 싹수 노람ㅋㅋ 솔직히 학생입장에서 많이 때리는 선생님 시간에는 쫌 조심을 하게 되죠. 어이없이 때리는 선생님은 쫌…… 그렇지만 요즘은 별로……. 그런 선생님 없는 거 같은데……ㅋㅋ 울 학교가 좋아서 그런가?? 암튼……

최진영 09-10 : 그래도 우리 인간들은 집단이라는 곳에서 생활하기 때문에 규칙이 있고, 예의범절이 있다고 생각합니다! 그렇기 때문에 사회라는 엄청난 집단에 적응하기 위해서는 미숙한 우리 학생들을 다스리기 위해 어느 정도의 체벌은 필요하다고 생각합니다! 또한 너무 체벌을 안 하면 학생들이 선생님들을 기어오르려고 하고, 또한 말로만 다스릴 수 있으면 아예 회초리 같은 것은 가지고 다니지 않았겠죠.

손님 06-07 : 저는 제 친구 일인데여. 어느 날 걔가 숙제를 안 해갔어요. 그래놓고선 집에 두고 왔다고 거짓말을 했거든요. 그랬더니 선생님이 당장 집에 가서 갖고 오라고 했어요. 그래서 걔가 할 수 없이 집에서 숙제장을 갖고 왔어여. 보니까 뭐 당연히 숙제가 안 되 있겠죠. 갑자기 선생님이 숙제장을 집어 던지더니, 손 내라고 해놓고선 서랍에서 뭘 찾으시더니 쇠로 된 긴 회초리로 엄청 세게 때리시더라구요. 그 맞는 소리가 얼마나 큰지 듣는 제가 소름이 끼쳤어요. 그 쇠 회초리로 거의 20대정도 때리셨어요. 슬쩍 걔 손바닥 보니까 피멍이 들었더라구요. 맞은 자국도 아주 선명하구요. 원래 울 선생님이 제일 싫어하시는 게 거짓말 하는 거예요. 걔네 엄마가 그 사실을 알자 엉덩이 까고 엄청 맞았대요.

손님 06-29 : 맞을 짓을 하니까 맞는 거라 생각하셔~! 쯔쯔 그런 나약한 정신상태로 과연 무엇을 할 수 있겠냐? 맞았다고 자식한테 분풀이나 하지 말고… 으이구… 선생님이 때리면 고이 맞으삼~!

☞ 하늘천사(www.skyangel.co.kr), 체벌 찬·반토론 중에서

01 위의 글에서는 체벌에 대한 찬성과 반대의 의견이 들어 있습니다. 글 속에 나타난 찬성과 반대의 논거를 찾아 적어 보세요.

찬성	반대

02 학교마다 체벌에 대한 입장이 다를 수 있습니다. 여러분은 학교체벌을 허용해야 한다고 생각하는지 아닌지 이야기해 보세요.

체벌 필요하다	체벌 안 된다

03 학교 내에서 체벌을 대신 할 수 있는 방법은 없을까요? 체벌 대신 할 수 있는 방법을 찾아 적어 보세요.

체벌에 대한 모의재판

판사 : '수업시간에 장난 친 학생'에 대한 재판을 시작하겠습니다.

검사 : 재판장님, 수업시간에 장난을 친 학생에게 체벌을 할 것을 요구합니다. 이 학생은 평소 선생님의 말씀에 주의를 기울이지 않고 장난을 침으로써 수업 분위기를 흐리는 일이 많습니다. 그로 인해 선생님이 수업을 진행하는데 어려움이 많습니다. 이에 선생님은 이 학생의 손바닥 또는 엉덩이를 때리고자 합니다.

변호사 : 이의 있습니다.

판사 : 말씀하세요.

변호사 : 물론 수업시간에 장난을 친 것은 잘못입니다. 하지만 그렇다고 매를 때려서는 안 됩니다. 매를 때리는 것은 학생의 인격을 존중하지 않는 것입니다. 말로 타이를 수도 있습니다. 굳이 매를 들어야 하나요?

검사 : 증인을 신청합니다.

판사 : 좋습니다.

검사 : 증인으로 선생님을 모셨습니다. 어떨 때 체벌을 하십니까?

선생님 : 교실에서 선생님은 혼자이고 학생은 많습니다. 학생들이 말을 듣지 않으면 저는 목도 아프고 피곤하고 수업을 하기가 너무 힘듭니다. 그래서 수업시간에 심한 장난을 치는 학생을 처벌하지 않을 수 없습니다. 말로 하면 잘 듣지 않기 때문에 때릴 수밖에 없습니다. 일단 매를 들면 선생님에게 집중하고 말을 잘 듣습니다.

변호사 : 피고 장난친 어린이에게 묻고 싶습니다. 매를 맞아본 적이 있나요?

피고 : 예.

> 변호사 : 그때 기분이 어떤가요?
>
> 피고 : 별로 안 좋아요. 아프고 원망스러워요.
>
> 변호사 : 그런데 매를 맞고도 왜 태도를 고치지 않았나요?
>
> 피고 : 친구와 장난을 치다보면 재미가 있고 멈추는 게 쉽지 않아요. 선생
> 님께서 화를 내고 때리시면 수업 듣기가 더 싫어지고요.
>
> 판사 : 판결을 내리겠습니다.

04

위의 글은 수업 시간을 방해한 피고인을 모의 재판하는 글입니다. 여러분이 판사라면 피고에게 어떤 판결을 내렸을지 이유와 벌칙을 정해 판결문을 써 보세요.

판사 :

05 체벌은 필요한지 금지해야 할지 자신의 생각을 정리하여 논술문을 써 보세요.

 다음 글은 조선일보에 실린 <여중생 집단 음독 사건>에 대한 기사입니다. 학교 측과 학부모 측의 견해를 파악하며 잘 읽어 보세요.

강원도 강릉시 주문진읍에서 지난달 여중생 6명이 집단 음독, 3명이 숨지는 사고가 발생했다. 부모들은 지도 교사의 무자비한 체벌이 나이 어린 아이들의 자살 기도를 가져왔다고 주장하며 "폭력 교사를 처벌해 달라"는 내용의 진정서를 지난달 18일 강릉경찰서에 냈다. 또 강원도교육청은 문제가 커지자 이 학교에 대한 감사를 벌였다. 그러나 학교 측은 문제의 학생들이 부모의 무관심, 애정 결핍, 소영웅 심리 등 복합적인 배경에서 충동적으로 자살을 기도한 것으로 판단하고 있다. '우리의 자녀들을 집단 자살로 몰아넣은 원인은 무엇인가.' 현장에서 보았다.

→ 발생

지난달 12일 오후 1시쯤 강원도 강릉시 주문진읍 교향리 소훈아파트 5층 옥상에서 C모양(14) 등 J중 2학년 여학생들이 농약을 나눠 마시고 자살을 기도했다. 이들은 이 날 1·2교시 수업을 마친 뒤 각자 학교를 빠져나와 소훈아파트 옥상에 모였다. 맥주를 마시며 2시간쯤 보낸 뒤 다른 학생들이 주저하자 K모양이 "나 혼자라도 마시겠다"며 요구르트병에 따라놓은 농약을 먼저 마셨고, 곧이어 나머지 5명도 차례로 농약을 마셨다. 이들은 곧 농약을 토해 내면서 "아프다, 살려달라"고 외치다가 119 구급대에 의해 병원으로 옮겨졌다.

→ 평소 생활

학교 측은 농약을 마신 여중생 6명을 이른바 '문제 학생'으로 분류하고 있었다.

이들의 출석부에는 무단결석 등이 2~7회씩 기록돼 있으며, 이들 중 2명은 흡연, 음주, 금품 갈취 등으로 올해 들어서만 1~3회씩 정학 처분을 받았다. 6명의 일기장과 노트에는 방과 후 카페와 노래방, 바닷가, 학교 뒤 솔밭 등지에서 함께 담배를 피우거나 술 마신 이야기, 남자 친구와 키스한 이야기 등이 자세히 적혀 있었다. 이들은 또 남자 친구의 이름을 면도칼로 팔뚝에 새기기도 했다. 그렇게 하면 사랑이 이루어진다는 이유로.

→ 경찰 수사

경찰은 일단 학생들이 영웅 심리와 비뚤어진 동료의식으로 자살을 기도했던 것으로 보고 있다. 그러나 학부모들이 교사들의 폭행을 문제 삼아 진정서를 접수해 실제로 교사들의 체벌이 폭행죄에 해당되는지 여부를 조사 중이다.

→ 학교 측 입장

학교 측은 학생들에게 가한 체벌이 정도를 넘어선 것은 아니라는 입장을 밝히고 있다. 이 학교 학생과장(46)은 "학생들이 음주 등 문제를 일으킬 때마다 불러 회초리로 종아리를 한두 대 때린 것은 사실"이라며 "부모를 대신해서 아이들을 가르친다는 사명감으로 체벌을 가하지만 제자에게 무자비한 폭행을 가할 리가 있는가"라고 학부모 측 입장을 반박했다. 생활 지도 담당 교사(40)도 "이른바 '문제학생'들에 대한 인간적인 지도는 사실상 불가능하다"며 학교 내 생활 지도의 한계를 털어놓았다. 학교 측은 여학생들의 음독 사건 후 사건 자료집을 통해 "학교의 체벌은 사회의 법과 같은 역할을 하는 것이라고 생각한다"라는 입장을 피력했다.

→ 학부모 측 입장

입원 치료를 받고 있는 J양은 "모두들 우리가 이성 문제로 자살하려고 했다고 몰아붙이는데 사실은 그게 아니다"라고 말했다. 극약을 마신 진짜 이유는 선생님들의 체벌과 모욕이 너무 심해 학교에 복수하려고 했다는 것. J양은 "선생님들이 우리에게 입에 담지 못할 욕을 하고 부모님을 학교에 불러 모욕하기도 했다. 학생과 지도 선생님들은 평소에는 한 번도 부르지 않다가 문제가 생기면 불러 때리는 게 전부"라고 주장했다. P양의 어머니 김모 씨(43)도 자신의 딸이 잘못해 체벌을 받은 사실은 인정했지만 "교사들이 의자에 앉지도 못할 만큼 딸의 허벅지를 때리는 등 체벌의 정도가 상상을 초월했다"고 말했다

☞ <조선일보>, 1996.10.7.

윗 글에서 학생들이 집단자살을 하려고 했던 이유는 무엇이라고 생각하나요? 글의 내용에서 잘 유추해 답해 보세요.

①

②

③

④

⑤

내가 같은 반 친구라면 담임선생님이 위의 학생들에게 내린 처벌은 정당하다고 생각하나요? 아니면 부당하다고 생각하나요? 자신의 입장을 분명히 하고 그렇게 생각한 이유도 함께 적어 보세요.

정당하다	정당하지 않다

다음은 K양이 여러분께 전하는 메시지입니다. 잘 듣고 K양의 소원을 들어 주세요.

> "얘들아~ 난 이 사건의 주인공 K야.
>
> 지금 생각해 보니, 자살한 내 행동이 너무 무책임했다는 생각이 들어. 너희라면 어떻게 이 일을 해결하려고 했겠니? 나한테도 얘기해줘. 다음엔 이런 무책임한 행동 안 하도록 말이야. 꼭 말해 줄 거지?
>
> 마지막으로 너희에게 할 말은……. 정말, 정말 미안해."

여러분이 이 사건을 담당하는 판사라면 학부모 측과 학교 측의 입장 중 어느 쪽 입장의 말을 들어줄까요? 여러분이 판사가 되었다고 생각하고 신중한 판결을 내려 보세요.

판결 :

메모란

이기주의와 배려

교과서 관련 단원 7 : 문학과 사회 – 소단원 3 : 「옥상의 민들레 꽃」

주제 : 공동체 삶에서 손해를 보더라도 다른 사람을 먼저 배려해야 하는가?

주제선정 배경 : 사람들 중에는 자신의 가족과 자신만을 사랑하는 사람도 있고, 자신보다는 남을 먼저 아끼고 사랑하는 사람도 있다. 또한 마음만 급해 도와주려 한 것이 오히려 해가 되는 경우도 있다. 어떤 삶이 이기적이고 어떤 삶이 배려하는 삶인지 헤아려보고 우리가 어떻게 살아가야 할지 생각해 보자.

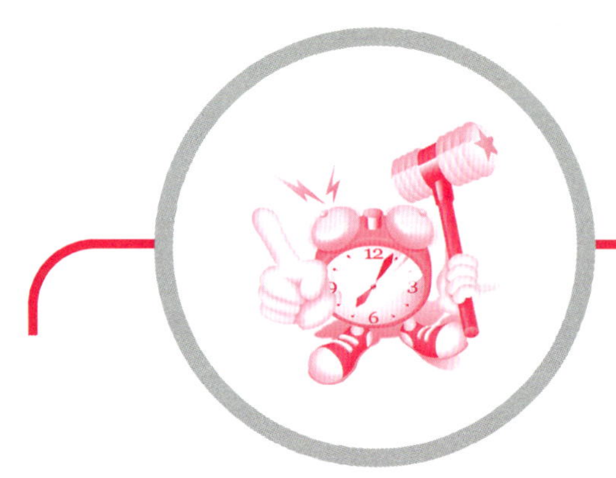

다음 글은 우리 주변에서 흔히 볼 수 있는 광경입니다. 여러분이 창수라면 어떻게 행동할 것인지 생각해 보세요.

창수는 저녁 보충수업을 마치고 터벅터벅 집으로 향했다. 오늘따라 선생님이 쉬는 시간도 안 주고 수업을 하시는 바람에 정말 엉덩이가 아프고 온 몸이 배배 꼬였었다. 오늘은 집에 간다고 해서 편안해 지는 날도 아니다. 수학 과외 선생님이 집으로 오시는 날이기 때문이다. 정말 힘든 하루라고 생각하며 아파트 현관엘 들어서는데, 할아버지 한 분이 비틀거리며 나오시고 계셨다. 아마도 약주를 한 잔 하셨나보다. 할아버지 옆을 지나가면서 창수는 할아버지에게서 고약한 술 냄새를 맡았다. 순간, 창수는 속이 미식 거렸다.

엘리베이터가 멈추고 문이 열렸는데, 엘리베이터 바닥에 토를 한 내용물이 보였다. 창수는 탈까 말까를 한참 망설이다가 올라탔고 8층 버튼을 눌렀다.

창수는 걱정이 되었다. 나중에 엘리베이터에 타는 사람들이 자신을 의심할까봐 걱정이었다. 창수는 궁리 끝에 가방에서 휴지를 꺼내 그 위에 몇 장을 덮고 있었다. 그때, 엘리베이터가 3층에서 멈추고 한 아줌마가 엘리베이터에 타며 창수의 행동을 보게 되었다. 아줌마는 코를 잡으며 창수를 쳐다보았고, 창수는 당황하며 휴지를 가방에 집어넣었다. 창수는 아줌마한테 자기가 한 게 아니라고 말하고 싶었다. 아까 내려갔던 할아버지가 그런 것 같다고 말하고 싶었지만, 자신이 확실히 본 게 아니라서 말도 못하고 억울한 생각만 들었다.

1

여러분도 창수와 같은 경험이 있었나요? 선의의 행동을 하려 했지만, 도리어 오해를 받고 억울한 말까지 들었던 기억을 이야기 해 보고, 그때 기분에 대해서도 말해 보세요.

창수와 같은 경험	그때 기분

2

창수의 기분을 다섯 글자로 표현해 볼까요?

①	④
②	⑤
③	⑥

3

여러분이 창수라면 엘리베이터에서 내리기 전에 오물을 치울 것인지 아니면 그냥 내릴 것인지 생각해 보세요. 그 이유도 곰곰이 생각해 보세요.

치운다	치우지 않고 그냥 내린다
·	·
·	·
·	·

 다음 이야기를 읽고, 여러분은 어떻게 행동할지 생각해 보세요.

학교 앞 문구점 아줌마는 요즘 들어 부쩍 기운이 없다. 학교가 방학이라 아이들이 학교에 잘 나오질 않아 매상이 오르질 않기 때문이다.

요즘 한창 '아폴로'라는 사탕이 잘 나가서 이번엔 많이 받았더니만 이렇게 손님이 뚝 끊길 줄은 몰랐던 것이다.

아줌마는 이럴 줄 알았으면 물건을 많이 받지 말 것을……. 후회해 보지만, 벌써 받은 물건은 어찌할 도리가 없었다. 아줌마는 팔리지 않는 유통기한이 지난 '아폴로' 사탕을 물끄러미 바라보고 있었다.

그 때, 아줌마에게 좋은 생각이 떠올랐다. 아줌마는 아무도 몰래 유통기한을 바꾸기로 한 것이다. 매직블럭이 이렇게 쓸모 있을 줄은 몰랐다. 아줌마는 매직블럭으로 유통기한 중 월 표시를 지우고, 숫자 도장으로 가볍게 한 달을 올려 찍었다. 그때, 한 학생이 문구점을 들어오다가 그 광경을 목격했다. 아줌마는 얼른 치워버리고는 그 학생에게 '아폴로' 사탕 한 봉지를 그냥 줬다. 학생은 자신이 '단골손님이라서 줬겠지' 생각하고는 넙죽 받아 맛있게 먹었다.

그러나…….

며칠 후, 그 학생은 엄마와 함께 문구점엘 왔다. 그 사탕을 먹고 배탈이 났다는 것이다.

위의 학생은 볼펜을 사려고 문구점에 갔다가 우연히 문구점 아줌마가 유통기한을 고치는 것을 보았어요. 여러분이 그 학생이라면 이 일을 경찰에 신고할까요, 아니면 그냥 지나칠까요? 왜 그렇게 할 것인지 이유도 말해 보세요.

경찰에 신고한다	경찰에 신고하지 않는다

5 만약에 학생이 경찰에 신고했다면 일은 어떻게 되었을까요? 경찰서에 신고한 후, 그 뒤의 상황을 상상하여 이야기로 꾸며보세요.

공동체 삶에서 손해를 보더라도 다른 사람을 먼저 배려해야 하는가?

다음 글은 교과서에 수록된 「틀니사건」입니다. 글을 읽고 자신의 생각을 정리해 보세요.

학원에 다녀오는 길이었다. 늦은 시간이어서 버스 안에는 몇 명만이 자리를 차지하고 앉아 있었다. 나도 의자에 앉아 이런저런 생각을 하며 창밖을 보고 있었다. 중간에 예순쯤 되어 보이는 할아버지께서 술에 취했는지 몸을 비틀거리며 차에 올라타셨다.

잠시 후…… 할아버지의 힘겨운 기침 소리가 났다 그 소리와 함께 뭔가가 '달그락' 소리를 내며 떨어졌다. 버스 안이 조용해서인지 그 소리는 분명하게 들렸고, 타고 있던 사람들의 모든 시선은 소리가 난 곳으로 향했다.

그러더니 갑자기 사람들이 킥킥대며 웃기 시작했다. 창밖으로 고개를 돌린 채, 혹은 둘이 서로 마주 보며 소리를 죽이고 웃는 것이었다. 그분의 맞은편, 그러니까 가운데 공간 건너편에 앉아 있던 나는 왜들 그러나 싶어 그분의 모습을 위에서부터 천천히 살펴보았다. 머리에서부터 천천히 훑어 내려가던 내 시선은 드디어 바닥에 이르렀고, 그 다음 순간 나도 그만 웃음을 터뜨릴 수밖에 없었다. 발 옆에는 글쎄, 이상하게 생긴 틀니가 떨어져 있었던 것이다. 술에 취한 채 주무시다 기침을 해서인지 소중한 틀니가 빠졌던 것이다. 할아버지는 그것도 모르시고 계속 주무셨다. 버스가 움직이면 틀니도 함께 움직였다. 그러다가 드디어 내리는 문 계단 모서리에 걸쳐지고 말았다. 내리는 문이 열리면 틀니가 문 밖으로 떨어질지도 모르는 심각한 상황이었다.

　　나는 조금씩 걱정이 되기 시작했다. 다들 웃기만 했지 아무도 그 틀니를 주우려 하지 않았고, 그렇다고 잠에 깊이 빠지신 할아버지가 일어나서 주울 리도 없고……. '결국 가련한 틀니는 누군가의 발에 차여 버스 밖으로 떨어지겠구나. 저걸 어째.' 서로 눈치를 살피는 사이에 버스는 점점 우리 집 가까이 다가가고 있었다.

　　킥- 버스가 멈춰 섰다. 달그락- 문이 열렸다. 사람들이 내리고 있었다. '어?' 나는 놀랐다. 어떤 오빠가 내리면서 틀니를 발로 찬 것이다. 통, 통, 통, 틀니가 버스 밖으로 떨어졌다. 그때 나는 운전사 아저씨께, "아저씨, 멈춰요."라고 말했다. 아저씨께서는 "왜 그러니?" 하고 말씀하셨다. 그리고 나는 "잠깐 뒷문 좀 열어 주세요." 하고 뛰어나갔다. 틀니가 바닥에 떨어져 있었다. 틀니를 주워서 버스 안으로 올라왔다. 나는 할아버지 곁으로 갔다. "할아버지" 하고 크게 불렀다. 할아버지께서는 깜짝 놀라 잠에서 깨시며, "왜 그러니?" 하고 나에게 시선을 두셨다. "할아버지 틀니가 빠졌어요." 하고 말했더니 할아버지께서 "어, 내 틀니네!" 하시며 기뻐하셨다. 나는 기분이 참 뿌듯했다.

☞ 「틀니사건」

01 다른 사람들은 틀니를 주울 생각보다는 틀니가 빠진 줄도 모르고 잠이 든 할아버지를 보고 웃고 있었어요. 주인공은 틀니가 굴러 갔을 때, 왜 선뜻 일어나 틀니를 줍지 못했을까요? 그리고 다른 사람들은 왜 끝내 틀니 줍기를 꺼려했을까요?

틀니를 줍지 못하고 있는 주인공 심리

틀니를 주워드리는 주인공 심리

끝내 틀니를 줍지 않은 사람들의 심리

02 주인공이 마지막까지 할아버지의 틀니를 주워드리지 않았다면 버스 안에서는 어떤 일이 일어났을지 상상하여 써 보세요.

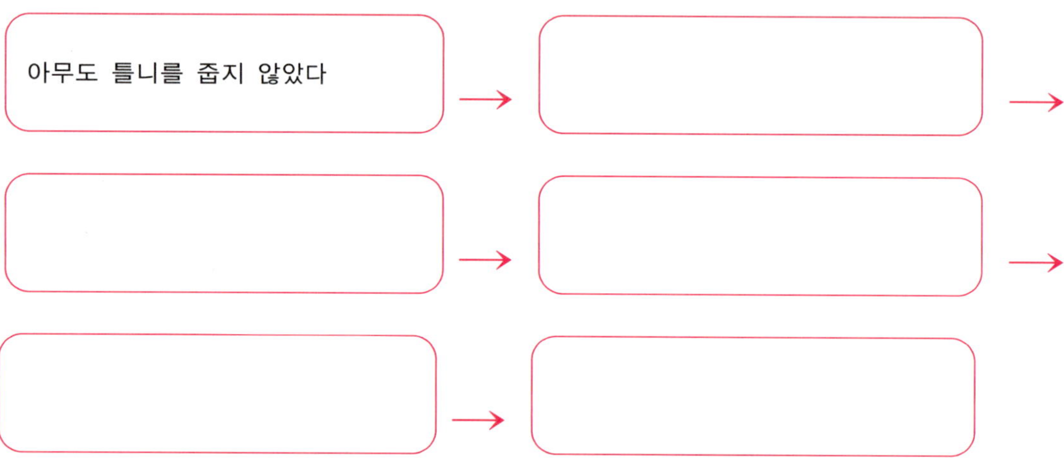

03 위의 경우에서처럼 자신이 옳다고 생각해서 행동을 하였는데 그 결과도 좋았다면 다행이지요. 하지만, 나쁜 결과를 가져오기도 하지요. 옳은 일이라고 생각했지만 결과가 안 좋게 나온 일들이 있었는지 생각해 보고 어떤 일이 있었는지 이야기 해 보세요.

아! 그게 아니었는데

① 나는   는데,

결과는   말았다.

② 나는   는데,

결과는   말았다.

③ 나는   는데,

결과는   말았다.

다음은 어떤 학생의 일기입니다. 나라면 어떻게 할 것인지 생각하며 읽어 보세요.

그 아이 곁에는 언제나 아무도 없다. 왜냐하면 그 아인 우리 반 왕따이다. 나도 그 아이가 안됐다는 생각은 하지만 그 아이와 친하게 지내고 싶지는 않다. 그 아이 곁을 지나갈 때면 이상한 냄새가 나고, 수업 시간엔 언제나 딴 짓을 하느라 오히려 수업을 방해했다. 거기다가 그 아이는 한 번도 웃지 않았다. 다른 아이들은 그 아이를 놀리고, 지나갈 때 다리를 걸어 넘어뜨리거나 화장실까지 쫓아가 밖에서 못 나오게 문을 막고 있는 등 그 아이를 괴롭혔다.

어느 날, 그 아이가 학교에 나오지 않았다. 한 번도 없던 일이다. 다른 아이들이 그 아이를 많이 괴롭혀도 그 아이는 결석 한 번 안 하던 아이였다. 그런데 그가 안 나온 것이다. 선생님도 왠지 우울해 보이셨고, 다른 아이들도 조용조용히 그 아이 얘기를 하는 것 같았다.

그 다음 날도 그 아이는 오지 않았다. 사흘째 되는 날, 그 아이가 학교엘 나왔다. 그런데 그 아이의 얼굴은 온통 멍이 들어있었다. 나는 갑자기 그 아이가 불쌍하다는 생각이 들고 손에는 힘이 들어갔다.

"길호야, 너 무슨 문제 있니?"

길호는 나를 어리둥절한 표정으로 쳐다봤고, 다른 아이들은 나를 째려보는 것 같았다.

04 여러분이 주인공이라면 왕따인 그 아이의 친구가 되어줄 수 있을까요? 그 아이의 친구가 된다면, 어떤 결과로 어떤 일들이 생길지 말해 보세요.

좋은 결과	

나쁜 결과

05 길호가 나를 어리둥절하게 쳐다 본 이유는 무엇인가요?

06 여러분은 반에서 왕따 당하는 친구에게 어떻게 대하나요? 지금까지 나의 행동이
어땠는지 객관적으로 자신을 생각해 보고 말해 보세요.

 다음 글을 읽고, 물음에 답해 보세요.

(가)

선아와 미리는 반 아이들이 부러워하는 단짝친구이다.

어느 날, 선아가 앞머리를 예쁘게 자르고 학교엘 왔다. 미리는 선아의 머리를 보고는 자기도 앞머리를 잘라 달라고 부탁했다. 선아는 자신의 머리는 자를 수 있지만, 남의 머리는 한 번도 잘라보지 않았다며 못한다고 거절했다. 미리는 그래도 괜찮으니 한 번만 잘라달라고 부탁했고, 선아는 두려운 맘으로 미리의 앞머리를 잘랐다. 그런데 다 자르고 나서 미리가 거울을 보더니, 무척 화를 내는 것이다. 앞머리가 삐뚤게 잘렸다는 것이다. 그러더니 선아에게 미용실 가서 다듬어야겠다고 하며 요금의 반을 내라는 것이다.

(나)

민수와 윤호는 밤늦도록 학원을 돌다가 그제서야 집으로 향하고 있었다. 둘이는 담 하나를 사이에 두고 사는 이웃사촌이었다. 두 집은 아이들 나이도 비슷하고 어른들 나이도 비슷해 집안 살림까지 훤히 알 정도로 친하게 지내는 이웃이었다.

민수와 윤호는 수학이 너무 어렵다는 얘기를 하면서 집을 향해 걷고 있었다. 그때, 집 쪽 길목이 훤하게 밝아오는 것을 보았다. 집 가까이 오니, 사람들 소리가 웅성웅성 들려왔다.

둘은 서로 얼굴을 마주보다가 갑자기 뛰었다.

윤호네 작은방에 불이 난 것이다. 윤호는 자기 집에 불이 난 것을 보자 발이 땅에 붙은 것처럼 꼼짝 않고 서 있었다.

민수도 당황되기는 마찬가지였다. 벌써 사람들은 자신들의 집에서 양동이를 끌고 와 물을 붓기 시작했다. 퍼뜩 정신이 든 민수는 윤호네 부엌에 들어가 양동이를 찾았다. 양동이를 찾던 민수의 눈에 약수통이 보였다. 민수는 약수통을 들고 나와 작은방에 물을 부었다. 그런데 민수가 약수통에 있는 물을 붓자 불이 꺼지는 게 아니라 오히려 더 활활 타 오르는 것이다. 윤호는 민수를 보고 약수통을 뺏고는 민수를 주먹으로 때렸다.

"야, 너 왜 그래?"

민수가 물었지만 윤호는 대꾸도 못하고 털썩 주저앉았다. 민수는 윤호가 왜 그러는지 이해가 되지 않았고, 왜 불이 더 활활 타 올랐는지도 모를 일이었다.

"야!"

민수는 윤호의 행동에 화가 났다.

"네가 우리 집에 뿌린게 뭔 줄 알아? 그건 신나통이란 말이야. 멍청아!"

소방차가 도착했고, 윤호네 집은 다행히도 작은 방만 탔고 다른 곳으로 불이 번지지는 않았다. 윤호네 가족은 모두 땅바닥에 털썩 주저앉아 넋을 놓고 있었다. 민수는 윤호에게 다가가지도 못하고 안절부절 어찌할 바를 몰랐다.

01 글 (가)에서 미리는 선아에게 미용실 가는 요금의 반을 내라고 하죠. 선아는 미리의 말을 들어줘야 하는지 아닌지 여러분의 생각을 말해 보세요.

요금의 반을 줘야 한다	요금의 반을 주지 않아도 된다

02

글 (나)에서 민수는 윤호를 도와주려고 했어요. 하지만 그게 더 화를 만든 원인이 되었죠. 민수의 행동에서 문제점은 무엇이었고, 윤호의 행동은 무엇이 잘못 되었나요?

민수의 문제점	윤호의 문제점

03

'물에 빠진 사람 건져줬더니 보따리 내 놓으라고 한다'는 속담이 있지요. 여러분이 위와 같은 경우라면 '물에 빠진 사람'을 도와줄까요? 아니면 도와주지 않을까요? 왜 그렇게 생각하는지 논거를 제시해 보세요.

도와준다	도와주지 않는다
논거	논거
논거	논거
논거	논거

04 위의 논거들을 중심으로 위급한 상황에서 남을 구하는 일이 자신에게 위험으로 다가올 때, 그래도 남을 구하는 것이 옳은 일인지 그렇지 않은지를 주제로 논술문을 써 보세요.

'선한 사마리아法' 만든다
(::남 돕다가 입힌 피해 민·형사상 책임 면책::)

위기에 처한 사람을 돕다 피해를 준 경우 민·형사상 책임을 면해주는 '구호자 보호에 관한 법률'이 만들어진다. 생명을 구하는 좋은 일을 하고도 심적 고통과 유가족들의 고발조치로 소송에 휘말리고 있는 구호자들이 있어 이들을 보호하고자 하는 것인데, 우리나라 현행법상 피구호자가 불가피하게 피해를 본 경우 도움을 준 사람이라도 민·형사상의 책임을 면할 수 없고, 119 구조대원도 응급구조사 자격증이 없으면 법적 보호를 받을 수 없는 상태라고 한다.

실제로 경기도중 상대 선수의 돌려차기를 맞고 의식을 잃은 김모 군을 구조했지만 법정소송에 휘말려야했던 구조원이나 사고 현장의 환자 후송 후 2년째 소송 진행 중에 있다고 한다. 성경에 등장하는 죽어가는 유대인을 도와준 사마리아인 이야기(누가복음 10장)에 빗대어 '선한 사마리아인 법'이라고도 불리는 이 법이 제정될 경우 '나서면 나만 손해'라는 우리 사회의 각박한 인식을 불식시키고 적극적인 구호활동을 유발할 것으로 기대된다.

열린우리당 유인태 의원이 대표 발의하는 이 법안은 생명에 대한 급박한 위험으로부터 스스로 벗어날 수 없는 '요(要)구호자'에 대한 구호 과정에서 피해를 줬다 해도 고의 또는 중대한 과실이 없는 한 구호자에게 민·형사상 책임을 묻지 못하도록 하고 있다. 이때 구호자가 의사의 지시로 응급처치를 한 경우 고의 또는 중대한 과실이 없는 것으로 간주된다. 법안은 이 같은 면책범위에 ▲소방구조대와 구급대 ▲여객자동차 운전자 ▲보건교사 ▲경찰공무원 ▲체육시설 의료·구호 담당자 ▲인명구조요원 등은 물론 일반 개인까지 포함시켰다.

현재는 재난 전담기관인 소방방재청의 경우에도 전체구급대원의 56.2%(2,798명) 만이 면책대상이다. 법안은 또 소방방재청에 구호기금을 설치해 구호자의 재산과 신체상 피해를 보상토록 했다.

미국 각 주와 프랑스·독일·스위스·네덜란드 등 대다수 선진국들은 여기에 더해 구호행위가 자신에게 피해를 가져다주지 않을 것임을 알면서도 구호행위를 회피한 경우 처벌하는 내용까지 포함한 '선한 사마리아인 법'을 채택하고 있다. 유 의원은 "응급 사고 사망자의 3분의 1은 '최초의 5분'을 포기하는 바람에 목숨을 잃는다"면서 "뒷감당이 두려워 죽어가는 사람을 외면하는 비인간적 상황은 개선돼야 한다."고 강조했다.

☞ <문화일보.>, 2005.6.8

디 지 털 과 아 날 로 그

교과서 관련 단원 : 생활국어 3 : 정보수집하기

주제 : 청소년 문화 속에 파고드는 디지털

주제선정 배경 : 디지털은 우리의 문화에 많은 변화를 가져왔다. 책, 화장품, 옷, 음식까지도 직접 나가서 사는 것이 아니라 인터넷에서 주문을 하고 집에서 받는다. 청소년들은 여럿이 함께 하는 놀이보다 혼자 하는 게임 등을 더 선호하는 편이다. 청소년들은 새로운 디지털문화를 만들고 있다. 우리 주변에 나타나는 디지털 문화를 살펴보고 사회에 어떤 변화를 가져왔는지 관심 있게 다뤄보고 학생들이 어떻게 대처해 나가야 할지 고민해 보는 시간이다.

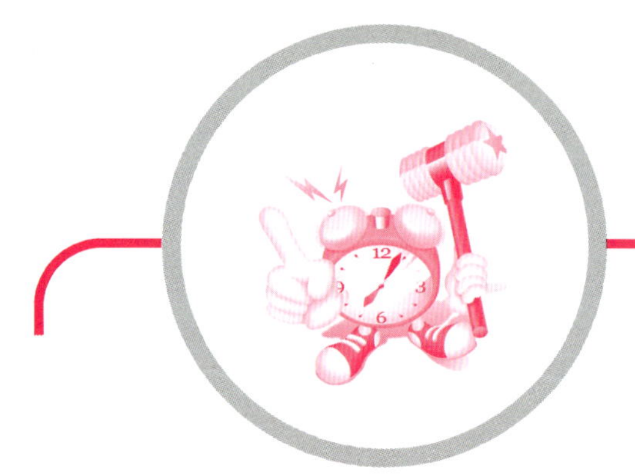

도입

 다음 글을 읽고 물음에 답해 보세요.

▶▷ "싸게, 더 싸게~"
초저가 매장, 불황 타고 '쑥쑥'

불경기가 장기화되면서 소비자들의 지갑 또한 좀체 열릴 줄을 모른다. 백화점에는 때 이른 세일에도 불구하고 손님이 없어 한산한 반면 '가격 파괴'를 외치는 매장에는 한 푼이라도 아껴보려는 서민들의 행렬이 이어지고 있다. 한때 유행으로 그칠 줄로만 알았던 초저가 매장들은 오히려 소비자들의 인기에 힘입어 날로 늘어나는 추세다.

올 4월에 문을 연 '스타마켓'은 티셔츠를 아예 그램으로 달아서 판매하고 있다. 100g에 2,000~2,500원으로 저렴한 가격이다. 여성복과 남성복 외에 가방, 신발, 액세서리 등 총 1,000여 가지 아이템을 판매하는데, 모든 제품의 가격이 1만~2만 원대다. 가장 비싼 가죽제품이 3만 원대다. 100평 규모의 널찍한 매장에는 옷을 고르는 손님들로 늘 북적댄다. 이화여대 앞에 1호점을 낸 데 이어 3개월 만에 이태원점(2호), 명동점(3호)까지 오픈 했다.

스타마켓 관계자는 "미국 수퍼마켓에서 야채나 사탕 등을 그램으로 달아 판매하는 것에서 아이디어를 얻어 티셔츠를 무게 당 달아서 판매하는 새로운 컨셉트의 가게를 생각해냈다"며 "도매상을 거치지 않고 직접 동남아 스탁제품(수출되고 남은 잉여분)을 수입해오거나 직접 디자인해 제작하기도 한다."고 말했다. 직수입 물량이 70%, 자체 제작물량이 30%를 차지해 유통마진을 없앴고, 광고도 하지 않는 등 거품을 뺐기 때문에 저렴한 가격이 가능하다는 것이다.

이 관계자는 "지방 대도시에 10개 정도 오픈 할 예정"이라며 "취급용품을 생활용품으로도 확대할 계획"이라고 밝혔다.

10년 장기불황에 빠졌던 일본에서 불황특수를 누렸던 상품이 있다면 바로 '100엔숍'이다. 국내 또한 비슷한 개념의 생활용품점이 인기를 누리고 있다. 1997년 서울 천호동에 1호 매장으로 오픈한 생활용품점 '다이소'는 매장수가 300개까지 늘어났다. 일본의 유명한 100엔숍 체인인 '다이소 산업'이 지분을 참여한 합작업체다. 주방용품, 팬시·문구용품, 화장품류, 액세서리 등이 모두 500~2,000원이다. 최근 인기있는 제품인 여름용 발, 욕실 슬리퍼, 3단 우산, 수저통, 비치백 등도 모두 2,000원이다. 일본과 중국 수입물량이 25%, 국내 생산물량이 75%를 차지한다.

▶▷소량 구매할 때는 배송비 고려를

인터넷에서도 1,000원 숍이 우후죽순으로 생겨났다.

'한국러스코'(www.lusco.co.kr)는 '천원으로 사는 세상'이라는 가격할인 사이버 숍을 운영하고 있다. '천냥하우스'(www.shockingdcmall.com)는 생활용품 외에 레저용품, 오락용품, 가전제품, 자동차 전문용품도 취급하고 있다. 이곳에서는 '100냥 하우스'라는 코너를 신설해 100원대 제품까지 등장했다. '골라골라 천원마트'(www.ok99.co.kr) 또한 1,000원부터 9,900원대 가격의 제품을 취급한다. 심지어 '990원넷'(www.990won.net)까지 있다. 하지만 이들 인터넷 쇼핑몰에서는 소량 구매할 경우 배송비가 물건값보다 더 비쌀 위험이 있으므로 꼼꼼히 살펴봐야 한다.

가격 파괴 현상으로 가장 큰 돌풍을 불러일으키고 있는 곳은 다름 아닌 화장품 시장이다. 그 선두주자인 '미샤'는 2002년 서울 이대매장을 첫 오픈 한 이후 1년 여 만에 170개 매장을 새로 오픈 했다.

남녀 화장품, 화장소품, 목욕제품 등 650여 가지를 모두 1만 원 이하로 판매하고 있다. 최저가 제품은 안티트러블 패치로 500원, 최고가 제품은 레티놀 에센스로 9,800원이다. 3,300원 이하의 제품이 전체의 40~60%를 차지한다.

미샤 관계자는 "기존 화장품 가격에서는 중간 유통망이 복잡해 유통마진이 높았는데 반해 미샤는 직접 생산자가 최종 판매처인 매장으로 직접 배송한다."고 밝혔다. 게다가 가격을 낮추기 위해 용기 거품을 없애고 내용물에만 투자했다. 비싼 유리용기 대신 플라스틱 용기로 바꾸고 종이 상

자도 없었다. 제품 설명서도 용기에 직접 프린트했다. 미샤 관계자는 "지난해 매출이 130억 원이었는데, 올해는 1,200억 원을 목표로 하고 있다"며 "현재까지 진행된 상황에서 1,200억 원 매출액 달성은 무리가 아니다"고 말했다.

미샤의 인기에 힘입어 '더 페이스샵'도 전국 90개 점포를 운영 중이고, '도도클럽'도 비슷한 개념으로 시장에서 인기를 끌고 있다. 상황이 이렇게 되자 중견화장품도 중저가 화장품 시장에 뛰어들었다. 한불화장품에서는 지난 5월 '슈가레이'를 출시했고, LG생활건강에서도 10대를 타깃으로 하는 중저가 색조화장품 '헤르시나 떼따떼뜨'를, 태평양도 '라네즈 걸'을 내놓았다.

☞ <주간조선> 박란희 기자(rhpark@chosun.com)

1 물건을 구입할 때, 나는 무엇을 먼저 생각하는지 순서대로 써 보세요.

나는 물건 살 때 이것부터 생각한다.

①

②

③

④

⑤

2 ‘천냥백화점’에서는 주로 어떤 물건들을 샀으며, 꼭 필요했던 물건이었는지 말해 보세요. 자신이 사고 싶은 물건 다섯 가지를 써 보세요.

샀던 물건	필요지수(100점)
1.	
2.	
3.	
4.	
5.	

사고 싶은 물건	필요지수(100점)
1.	
2.	
3.	
4.	
5.	

3 인터넷 쇼핑몰에서 물건을 구입할 때, 좋은 점과 나쁜 점을 말해 보세요.

좋은 점	나쁜 점
1. 값이 싸서 마음이 편하다.	1. 제품의 질이 떨어진다.
2.	2.
3.	3.
4.	4.
5.	5.
6.	6.

여러분의 소비생활에서 반성할 부분은 무엇일까요? 건전한 소비생활을 위한 10대 선서를 만들어 보세요.

건전한 소비를 위한 선서

하나.

둘.

셋.

넷.

다섯. 상표보다는 제품의 질을 따져 본다.

여섯.

일곱.

여덟.

아홉.

열.

청소년 문화 속에 파고드는 디지털

다음 글은 디지털 문화 속에서도 아날로그 제품이 꾸준하게 인기를 끌고 있다는 기사내용입니다. 디지털 제품과 아날로그 제품이 어떻게 다른지 비교하면서 읽고, 다음 물음에 답해 보세요.

아날로그의 반란 [上]

2일 서울 송파구 거여동 로만손 협력업체 공장. 옛 금은방 풍경의 10평 남짓한 공간에 13명의 나이 지긋한 사람들이 바쁘게 손을 놀리고 있다. 주문이 밀려 일요일에도 작업을 한다. 이곳에서 만들어지는 시계는 한 달 2만~2만5000개. 하지만 '디지털 시계'는 단 한 개도 없다. 시계를 연간 1000만개 이상 생산하는 세계 최대 업체인 스와치 역시 국내에서 판매하는 120여 종류 중 디지털은 단 한 가지뿐이다.

"싸고 정확한 디지털 시계 대신 아날로그를 찾는 이유요? 글쎄요. 순간 순간 시간만 나타나는 디지털 시계에는 '현재'밖에 없지만, 12개의 시침이 있는 아날로그 시계에는 '과거'와 '미래'가 함께 나타나기 때문 아닐까요?" (로만손 오창록 팀장)

출판시장에서도 아날로그는 대세다. 일반 단행본 신간의 경우 전체의 5~10% 정도가 전자책(e북)으로 출간되고 있지만, 매출 면에서는 참담할 정도다. 전자 사전이 많이 팔린다고 요란하지만, 전자 사전 100개 팔릴 때 종이 사전도 90개는 팔린다.

1일 저녁 서울 충무로 인쇄소에는 밤 늦도록 기계 돌아가는 소리가 요란했다. 연말 특수를 겨냥한 광고 전단과 내년 달력 인쇄 주문이 가장 많다고 했다.

온라인 결제, 이메일 사용, 인터넷 광고 때문에 출판·인쇄소들이 문을 닫을 거라던 몇 년 전의 전망은 간 곳 없이 사라졌다. 국내에서 생산하는 종이는 2000년 930만8400 t 에서 2002년 981만1800 t , 2005년 1070만 t (예상)으로 오히려 매년 늘고 있다.

더 편리하고 정확한 디지털 제품 대신 아날로그 제품이 인기를 끄는 이유는 뭘까. 인터파크 정일헌 본부장은 "주부들에게 큰 인기를 끌고 있는 스팀 청소기를 보면 답이 나온다"고 했다. 6만~8만원대의 스팀 청소기는 11만~230만원대의 로봇 청소기에 50대1의 판매 완승을 거두고 있다. 가격

시계·달력·다이어리·카세트 어학기…
기존 아날로그 제품 판매량 곳곳
소비자들 "더 인간적이고 정감 넘쳐"

차이가 큰 탓도 있지만, 걸레를 뜨거운 물에 빤 후 바닥을 직접 닦는 듯한 '느낌'을 주부들이 선호한다는 얘기다.

첫 모델이 출시된 지 수십 년은 된 고전적 카세트 테이프형 어학 학습제. 디지털 어학 학습기보다 수십 배 많이 팔린다. 정 본부장은 "첨단 제품보다 오히려 단순한 기능에 충실하고 가격이 저렴한 아날로그 제품이 인기를 끄는 경우가 많다"고 분석했다.

디지털 제품인 PDA 대신 수첩으로 된 다이어리를 수년째 쓰고 있다는 이선정(29·회사원)씨. "수첩에 펜으로 약속과 메모, 다짐 등을 기록하다 보면 인생의 소중한 순간을 살고 있다는 생각이 든다"고 했다. 그녀는 "중요한 것과 잊어도 되는 것, 꼭 지켜야 하는 약속과 그렇지 않은 행사들, 기억해야 할 이름과 잠시 스쳐 지나가는 사람들을 '0과 1의 디지털' 세계 안에서 어떻게 차별화해 기록하느냐"고 반문했다. 전자 가계부를 제공하는 인터넷 사이트가 많지만, '종이 가계부'는 주부가 선호하는 여성 잡지 부록 1순위다. 대표적인 다이어리 브랜드인 프랭클린 플래너를 사용하는 소비자는 전세계 2100만명에 이른다. 온라인 게임 열풍 속에서도 얼굴을 맞대고 노는 '블루 마블' 게임이 월 500개씩 팔린다.

연세대 황상민 심리학과 교수는 "소비자들은 이제 '첨단·디지털 제품'이라는 문구에 무조건적인 반응을 보이지 않는다"고 잘라 말했다.

본지와 인터파크가 최근 1년간 아날로그 제품을 구입한 소비자 280명을 조사한 결과에서도 '기능이 단순하고 가격이 저렴해서' 구입했다는 응답자(45%)보다 '인간적이고 정감 있기 때문'이라고 응답한 소비자(65%)가 더 많았다. 감성(感性)은 아날로그의 반란이 시작되는 출발점이다.

허인정기자 (블로그)njung.chosun.com
김승범기자 (블로그)sbkim.chosun.com
백승재기자 (블로그)whitesj.chosun.com

☞ <조선일보>, 2005.12.3.

01 지금은 디지털 문화 시대라고 해도 과언이 아닙니다. 가전제품부터 학교 수업에까지 어디서나 디지털 문화를 흔히 볼 수 있죠. 하지만 위의 글에서처럼 디지털 문화 속에서도 아날로그가 꾸준히 사랑받고 있다는 것을 알 수 있었어요. 아날로그가 사랑받는 이유는 어디에 있다고 보나요?

①

②

③

④

02 위의 글을 읽어 보면, 디지털 제품이라고 모두 아날로그 제품보다 좋은 건 아니라는 것을 알 수 있죠. 디지털 제품과 아날로그 제품의 장·단점을 알아볼까요?

		TV	오디오	카메라
디지털 제품	장점			
	단점			

아날로그 제품	장점		
	단점		

03

여러분이 갖고 있는 디지털 제품과 아날로그 제품에는 어떤 것들이 있을까요? 모두 적어 보세요.

디지털 제품
아날로그 제품

04

위(3번) 제품들 중에서 가장 애착이 가는 물건을 순서대로 쓰고, 그 이유를 간단하게 써 보세요.

	애착이 가는 물건	그 이유
1위		
2위		
3위		
4위		
5위		

05

'종이책'이 사라지고 '전자책'만이 남을 거라고 예측하는 사람들도 있습니다. 종이책의 운명은 어떻게 될 거라고 생각하나요. 그 이유를 써 보세요.

종이책은 사라질 것이다	종이책은 사라지지 않는다
1.	1.
2.	2.
3.	3.

 다음 글을 읽고 물음에 답해 보세요.

PDA+MP3+휴대폰+PC "더 이상 친구는 필요없다"

학생 김씨의 하루는 휴대폰 알람벨 소리와 함께 시작된다. 지하철을 타고 학교로 가는 와중에 PDA로 하루 스케줄을 점검하고 학교에 와서는 노트북으로 간편하게 수업을 정리한다. 점심을 먹고 나른한 오후, 공강시간에 MP3 음악감상은 어떨까? 어제 밤 PC에서 다운받은 최신유행가요가 오후의 피곤함을 날려줄 것이다. 수업이 끝나고 친구로부터 날아온 문자 메시지, 약속 장소와 시간까지 단번에 문자로 정하고선 버스에 오른다. '아차 오늘은 깜빡 잊고 버스카드를 놓고 왔구나.' 그러나 걱정할 필요는 없다. 휴대폰에 새겨진 바코드는 교통카드의 역할까지 대신해줄 것이다. 모처럼 만에 만난 친구와의 추억은 디지털 카메라에 고스란히 담아왔다.

집에 돌아와선 하루 동안의 추억이 담긴 사진들을 노트북에 다운받고 일부는 이메일로 친구에게 전송도 했다. 고맙다는 문자 메시지를 보내오는 친구. 정성껏 눌러 찍은 문자 이모티콘에 친구의 마음이 전해진 모양인지 김씨는 뿌듯한 마음으로 잠자리에 든다.

다소 극단적이긴 하지만 요즘 디지털 시대를 살고 있는 대학생들의 삶이 이러하다. 위의 하루일과가 빠짐없이 일치하는 학생은 적으리라 생각하지만 누구나 그중 일부분은 자신의 하루와 일치하는 면을 발견했을 것이다. 컴퓨터 없이, 휴대폰 없이 살 수 없는 우리들, 이미 젊은이들은 디지털 시대의 강력한 영향력에 중독 되어 있는 것이다.

하루가 다르게 급변하는 디지털 기기의 발달과 사이버 문화는 우리로 하여금 또 하나의 생활체계를 만들어냈다. 특히나 최근 급속히 발달한 통신기기는 다양한 분야의 역할을 통합하여 인간으로 하여금 편리하고 신속한 생활이 가능하게 만들었다. 그중 가장 대표적인 것이 바로 휴대폰. 휴대폰 하나면 통화는 물론, 문자메시지 교환, 이메일 수신 및 전송, 모바일 뱅킹 및 심지어는 휴대폰을 통해 음주측정까지 해볼 수 있는 시대가 되었다. 따라서 디지털기기의 효용을 누가 더 잘 활용하느냐에 따라 생활의 편리함의 척도가 측정된다 해도 과언이 아니다. 실제로 학교에서도 대부분의 공지나 전달사항이 문자메시지나 사이버공지를 통해 전달되고 있는 것이 사실. 디지털문화는 바로바로 신속한 정보를 제공하면서 시간과 공간의 장벽을 허물어 내리고 있다. 더욱 주목할 것은 디지털문화의 영향력이 생활의 편리함 뿐만 아니라 감정의 영역까지 차지하고 있다는 점이다. "문자메세지가 뜸한 하루는 왠지 소외감을 느끼게 만든다."고 말하는 대학생 김연호(20) 씨나 "독특한 디자인의 최신 디지털 카메라나 MP3가 나오면 꼭 갖고 싶은 조바심이 생긴다."는 대학생 신상욱(23) 씨의 말은 이미 디지털기기의 사용과 구매가 현대인에게 커다란 만족감을 가져다준다는 사실을 증명하는 말들인 것이다. 그러나 최근의 급속한 디지털문화의 확산에 거부반응을 보이는 사람들도 있다. 이들의 말인즉, 편리하지만 차가운 디지털문화는 느리지만 따뜻한 아날로그문화에 비할 바가 못 된다는 것이다.

최신 디지털 카메라가 유행하는 요즘에도 굳이 수동카메라를 고집하며 현상과 인화까지 직접하고 있는 이근일(서울산업대 4) 씨는 너무나 빠르고 순간적인 디지털문화가 인간적인 여유로움을 빼앗아간다고 말한다. "저는 시간이 더 들고 불편하더라도 수동카메라를 고집합니다. 그 과정에서 실수할 수 있고 오랜 시간이 걸리기도 하지만 그 안에 깊은 제 생각이 담겨 있고 여유가 깃들어 있기 때문입니다."

이씨에 따르면 지금과 같은 때일수록 '느림과 실수의 미학'을 더욱더

절실히 느낄 수 있는 때라는 것이다. 인간은 태초이래로 조금 더 편리해지고 조금 더 빨라질 수 있는 방향으로 진화해 왔다. 이미 디지털 시대는 도래 했고 그 방향을 거스르긴 힘들 것이다.

그러나 이러한 디지털문화가 근본적인 인간성을 빼앗아가는 방향으로 흐른다면 우리는 다시 한번 숙고해봐야 할 필요가 있다. 무엇이 되었건 결국은 인간의 궁극적인 행복과 인간성을 발현하는 방향으로 발전해야 하기 때문이다. 이미 나와 내 주위를 완전히 둘러싸고 있는 디지털 세상, 인간성을 창출하고 인간의 행복을 유지하는 중심에 서 있을 때 온전히 환영받는 문화로 자리매김할 수 있지 않을까?

☞ <세계일보>, 김형찬 기자(khchdoohan@segye.com), 2005.11.21

여러분은 휴대전화를 이용하여 어떤 일들을 할 수 있는지 말해 보세요.

휴대전화의 문자메시지는 음성 통화보다 이용 가격이 싸서 학생들이 많이 이용하고 있지요. 여러분의 문자메시지 이용 횟수는 하루에 얼마나 되는지, 주로 언제 이용하는지 말해 보세요.

하루 문자메시지 사용 횟수 :　　　회

▶ 주로 이럴 때 문자메시지를 사용한다

①

②

③

④

여러분은 친구에게 문자메시지를 보낼 때, 주로 어떤 소식을 주고받나요? 80바이트로 친구에게 소식을 전해 보세요.

▶▷ 문자메시지 내용은?

휴대전화가 손에 없으면 불안하고, 오랫동안 울리지 않으면 확인을 하는 등은 '휴대전화 중독 현상'이라고 볼 수 있습니다. 나도 겪고 있는 중독 현상에는 어떤 것들이 있나요?

휴대전화 이용 시 때와 장소를 가리지 않고 사용하여 다른 사람에게 피해를 주는 일들이 많이 있어요. 휴대전화를 쓸 때 '꼴불견'이라고 할 만한 일들을 이야기해 보세요.

'휴대 전화 꼴불견' Best 10
①
②
③
④
⑤
⑥
⑦
⑧
⑨
⑩

메모란

메모란

표준어와 은어

교과서 관련 단원 : 생활국어 4 : 국어 생활의 반성

주제 : 비속어·은어 사용, 이대로 좋은가?

주제선정 배경 : 표준어는 의사소통의 편리를 위해 공통으로 사용하는 현대의 교양 있는 말로 우리나라는 서울말을 표준어로 사용하고 있다. 하지만 인터넷과 휴대 전화 문자메시지, 랩(음악) 등에서 은어를 많이 사용하면서 표준어와 은어를 혼동하기에 이르렀다. 표준어와 은어가 어떻게 다른지, 은어 사용의 문제점은 없는지 알아보고 아름다운 우리말을 바르게 사용할 방법을 알아보자.

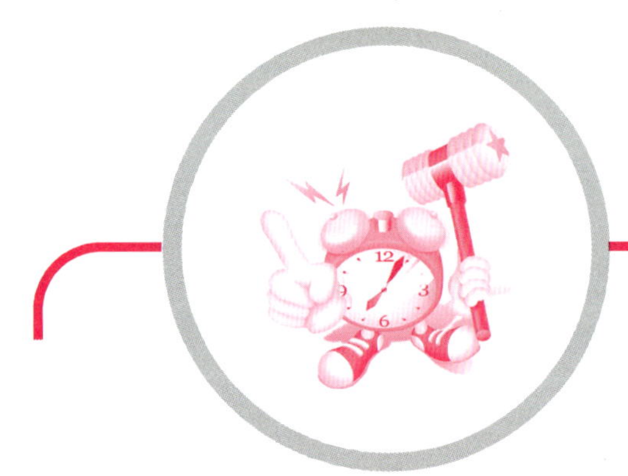

 다음 노래가사를 보고, 물음에 답하세요.

(가)

오냐 씨발 것들아

디 지(Deegie)

(야 마이크 줘바 아 마이크 줘봐 씨발)
Yo 이 노래는 국민들의 혈세로 지 배때지 채우는
좆같은 고위 관직자 국회의원 경찰 씨발
쓰레기들한테 바친다 개새끼들아
오냐 씨발 것들아(오냐 씨발것들아)
에라이 씨발 것들아(개새기들 잘들어)
에라이 씨발 새끼야(지금부터 시작한다 개새끼들아)
Yo 엿같은 시대 누구 때문에
니미 씨발 너 때문에 그래 씹새야 너 때문에
사창가 옆에 경찰서 법원 앞에 단란주점
화상이 좋아 미친 윗대라기 씨발 좆까
대한민국 정부는 국민을 쌩까 맞가 맞가
맞간 정부는 강남 집값 좆까 올라 막가
상상 초월 개새끼들 국회에서 월월
Fuck the world Fuck the world!
공평하지 아파트 한 채 15억
로또터지면 부자 되지 200억

뇌물 백억 천억 내 봉급은 70만원

근데 우리가 원하는게 뭔지 알아 씨발새꺄

(세상을 뒤집고 싶어 좆같은 세상 살기 싫어 세상을 뒤집고 싶어 좆같은

세상 살기 싫어)

오냐 씨발 것들아(씹새기들아)

에라이 씨발 새끼야(뭔말인지 알아듣겠냐)

오냐 씨발 것들아(그래)

에라이 씨발 새끼야(너말이야 개새끼야)

내 말이 무슨 뜻인지는 국민들에게 물어봐

오죽했으면 로또가 뜨고 성실한자 밥을 굶고

정치인들 배부르고 대통령은 돈 받아 쳐먹고

맨날 뉴스에선 뇌물 백억 천억

(이런 세상 살맛 안나)

맞습니다 맞습니다 좆까고요

무슨 말 하냐구요 니들은 입 닥치구요

미치지 말고 난 미국 따까리나 할래요

니 말이 이거 아냐 카드빚 다 니 돈 아냐

내 말 틀린 거 아냐 해도 너무 하는거 아냐

국회의원 씹새끼(씹새끼 개새끼)

전대통령 개새끼(개새끼 씹새끼)

디지 국가 원수 모독죄 체포 되지

내가 이런 말하고 체포되면 국민들은 일어나지

이라크 파병 반대해도 대통령은 웃지

우리나라 시발 좆나 좋은 나리지

오냐 씨발 것들아(Come On)

에라이 씨발 새끼야(씨발새꺄)

오냐 씨발 것들아(씨발새꺄)

오냐 씨발 것들아(Come On)

택시기사가 말하지 만약 폭동이 난다면

약탈 같은건 안하고 그냥 불이나 지른다고

(Yo 잘 들었어 2008년도까지 기다려 이 개새끼들아 아직 대가리에 피도

안 말라서 못나오는데 씨발 그때까지 입 좀 닥치고 있어 개새끼들아)
* 오냐 씨발 것들아
에라이 씨발 새끼야
오냐 씨발 것들아
에라이 씨발 새끼야

* Repeat(×2)
오냐 씨발 것들아~~

☞ 출처 : http://www.bugs.co.kr

(나)

열 받는 욕 즐거운 욕… 욕이 판친다

위대한 음악가 모차르트는 연주회가 끝난 뒤 어머니에게 편지를 쓰면서 '어머니, 이 편지를 받는 밤엔 침대 위에 질퍽하게 똥오줌 누시고 깔고 해서 주무십시오'라고 희한한 문안을 드린다.

어머니가 모차르트에게 보낸 답장은 한술 더 뜬다. '사랑하는 내 아들아, 연주회 성공을 축하한다. 마음껏 똥오줌 싸서는 베갯머리에 칠하고 거기 코를 박고 어미 편지 묻고 자도록 하여라. 아, 사랑하는 내 천재야!'

민속학자이자 국문학자인 김열규 교수(인제대)의 저서 『욕 ─ 그 카타르시스의 미학』에 소개된 이 일화는 '똥타령' 편지가 유행하던 합스부르크 왕조 시대의 사회적 관습을 보여준다.

요즘 같으면 함부로 입에 올렸다간 불쾌감과 상스런 인상만 줄, 욕에 가까운 이 단어가 신명과 흥겨움의 상징이었던 시대도 있었다는 것이다.

몇 년 전 광주에서 열렸던 '욕쟁이 대회'를 기억하는 사람이 있을는지. 이 대회에서 으뜸상을 받은 사람은 경남 고성에 사는 한 노인이었는데 그는 '날강도 찜 쪄서 안주 삼고, 화냥년 경수 받아 술 빚어먹고, 피똥 싸고 죽을 남원 사또 변학도와 사돈해서 천하 잡놈 변강쇠 같은 손주 볼 놈'이라는 무지막지한 욕을 퍼부어댐으로써 관객들이 갈채를 받는다.

우리말에 얼마나 다양하고 기상천외한 욕이 많은지 알 수 있었던 이 대회는 그러나 비난여론에 밀려 다시 열리지 못했다.

인격모독·친근감 표현 '두 얼굴'

살면서 욕 한번쯤 안 해본 사람이 있을까. 우리는 일상생활 속에서 많은 욕을 듣고 또 직접 하기도 한다.

공중화장실에 가면 으레 야한 그림과 함께 쓰여 있는 음담패설을 볼 수 있고, 평소엔 얌전하던 사람들이 술 마시고 고래고래 욕을 하며 싸우는 광경도 흔히 볼 수 있다.

왜 욕인가. 욕하는 세상이라서? 사는 게 욕돼서?

이유야 어쨌든 왈칵, 느닷없이, 불끈 솟구치는 게 바로 욕이다. 욕은 언어와 그것에 딸려 있는 인간 행위가 질서라든가 체계와 체제를 벗어던진 상황에서 폭발한다.

욕은 보통의 언어가 아닌 제2의 언어이고, 또 다른 언어다. 언어 논리라든가, 이성에 매인 언어로는 더 이상 어쩔 수 없는 막다른 골목에서 분화하는 언어, 이른바 갈 데까지 간 파국의 경지가 욕이다.

따라서 욕의 본성은 '반란' '파괴' '폭행' '예외' '소외' '일탈' 등으로 표현될 수 있을 것이다.

욕의 또 다른 특징은 '야누스적'이라는 데 있다. 욕은 가장 친한 사람과 가장 미워하는 사람에게 모두 쓰인다. 미워하는 이에겐 인격모독이지만, 친구들 사이에서는 재밌고 친근감 있는 우의의 표현이 될 수도 있는 것이다.

또한 욕은 남에게만 하는 것이 아니라 자신에게도 한다. "이년의 팔자 더럽게 타고나서…"라고 중얼대면 그것은 자학이다. 이럴 경우 욕은 사디즘과 마조히즘 사이를 자유롭게 넘나드는 언어다.

오랫동안 욕은 그늘의 말, 음지의 말이었다. 어엿한 한국어이면서도 구석에 처박혀서는 감시당하고, 구박받고, 쫓김을 당하던 천덕꾸러기 신세였다고 할까. 그러나 어느샌가 욕이 어두운 동굴 속에서 나와 대명천지를 활보하고 있다.

공적인 자리에선 쓰기 어려운 말이 사이버 공간에서 버젓이 활자화된 형태로 얼굴을 들이밀고 있고, 욕사전이 발간되는 등 욕에 대한 대접이 달라지고 있는 것. 관객들로부터 열렬한 사랑을 받고 흥행에 성공한 영화

중에는 대사의 태반이 욕으로 점철된 작품도 많다. 이른바 '욕구멍에도 볕들 날'이 온 것이다.

'넘버 3', '주유소 습격사건', '죽거나 혹은 나쁘거나' 같은 영화에는달, 양아치, 노는 학생들이 주인공으로 등장하는데, 이들은 하나같이 욕을 입에 달고 산다.

'넘버 3'의 마동팔 검사(최민식 분) 역시 건달 못지않은 욕쟁이다. "내가 제일 좆같아 하는 말이 뭔 줄 아냐? 죄는 미워하되 인간은 미워하지 말라는 말이야, 정말 좆같은 말장난이지. 솔직히 죄가 무슨 죄 있어? 죄를 저지르는 좆같은 새끼들이 나쁜 거지" 같은 그의 대사는 포복절도할 웃음을 선사하며 인기를 끌었다.

한편 저예산 영화 '죽거나 혹은 나쁘거나'로 영화계의 관심을 한 몸에 받으며 '충무로의 타란티노'라는 별명을 얻은 류승완 감독(27)은 '죽거나…'에서 생생한 뒷골목 언어를 구사했고, 여기에 적당한 유머까지 곁들여 영화의 극적 분위기를 잘 살려냈다는 평가를 받았다.

그의 영화 속 인물들은 돈도 없고 빽도 없고 머리도 나쁘지만, 자존심 하나만큼은 버릴 수 없기 때문에 세상을 향해 욕을 한다. 단지 입으로 내뱉는 언어가 아니라 온몸으로 내뿜는 처절한 커뮤니케이션으로서의 욕이다.

꼭 필요한 순간에 적절히 쓰였을 때, 탁월한 풍자와 통찰의 힘을 발휘하는 것이 바로 욕이다. 다들 바로 되자고 하는 욕, 세상 제대로 돌아가자고 다그치는 욕이 아쉬운 요즘이다.

☞ 출처 : http://www.donga.com

1 글 (가)의 가사를 살펴보면, '비속어'와 '은어'가 많이 있어요. 여러분이 '비속어' 와 '은어'를 찾아내 가사를 표준어로 바꾸어 보세요.

〈오냐 씨발 것들아〉

~을	~으로

2 글 (나)에서 비속어는 탁월한 풍자와 통찰의 힘을 발휘한다는 긍정적인 부분과 인격모독·불쾌감이라는 부정적인 부분을 보여주고 있어요. 여러분은 비속어 사용에 대해 어떻게 생각하나요?

 다음 글은 김유정의 『봄봄』과 『동백꽃』의 일부분 입니다. 잘 읽고 물음에 답해 보세요.

"장인님! 인젠 저…….."

내가 이렇게 뒤통수를 긁고 나이가 찼으니 성례를 시켜 줘야 하지 않겠느냐고 하면 대답이 늘,

"이 자식아! 성례구 뭐구 미처 자라야지!"

하고 만다.

… 중략…

내가 일 안 하면 장인님 저는 나이가 먹어 못 하고 결국 농사 못 짓고 만다. 뒷짐으로 트림을 꿀꺽하고 대문 밖으로 나오다 날 보고서,

"이 자식아! 너 왜 또 이러니?"

"관격이 났어유, 아이구 배야!"

"기껀 밥 처먹구 나서 무슨 관격이야. 남의 농사 버려 주면 이 자식아 징역간다 봐라!"

"가두 좋아유, 아이구 배야!"

참말 난 일 안 해서 징역 가도 좋다 생각했다. 일후 아들을 낳아도 그 앞에서 바보, 바보 이렇게 별명을 들을 테니까 오늘은 열 쪽이 난대도 결정을 내고 싶었다. 장인님이 일어나라고 해도 내가 안 일어나니까 눈에 독이 올라서 저편으로 힁 하게 가더니 지게 작대기를 들고 왔다. 그리고 그걸로 내 허리를 마치 들떠 넘기듯이 쿡 찍어서 넘기고 넘기고 했다. 밥을 잔뜩 먹고 딱딱한 배가 그럴 적마다 퉁겨지면서 뱃창이 꼿꼿한 것이 여간 켕기지 않았다.

그래도 안 일어나니까 이번에는 배를 지게 작대기로 위에서 쿡쿡 찌르고 발길로 옆구리를 차고 했다. 장인님은 원체 심술이 궂어서 그러지만 나도 저만 못하지 않게 배를 채였다. 아픈 것을 눈을 꽉 감고 넌 해라 난 재밌단 듯이 있었으나 볼기짝을 후려갈길 적에는 나도 모르는 결에 벌떡 일어나서 그 수염을 잡아챘다마는 내골이 난 것이 아니라 정말은 아까부터 부엌 뒤 울타리 구멍으로 점순이가 우리들의 꼴을 몰래 엿보고 있었기 때문이다.

☞ 김유정, 『봄봄』 중에서

…상략…

나는 눈에 쌍심지가 오르고 사지가 부르르 떨렸으나 사방을 한번 휘돌아보고야 그제서 점순이 집에 아무도 없음을 알았다. 잡은 참 지게 작대기를 들어 울타리의 중턱을 후려치며,

"이놈의 계집애! 남의 닭 알 못 나라구 그러니?"

하고 소리를 빽 질렀다.

그러나 점순이는 조금도 놀라는 기색이 없고 그래도 의젓이 앉아서 제 닭 가지고 하듯이 또 죽어라, 죽어라 하고 패는 것이다. 이걸 보면 내가 산에서 내려올 때를 겨냥해 가지고 미리부터 닭을 잡아 가지고 있다가 너 보란 듯이 내 앞에 쥐지르고 있음이 확실하다.

그러나 나는 그렇다고 남의 집에 뛰어 들어가 계집애하고 싸울 수도 없는 노릇이고, 형편이 썩 불리함을 알았다. 그래 닭이 맞을 적마다 지게 작대기로 울타리를 후려칠 수밖에 별도리가 없다. 왜냐하면 울타리를 치면 칠수록 울섶이 물러앉으며 뼈대만 남기 때문이다. 하나 아무리 생각하여도 나만 밑지는 노릇이다.

"야, 이년아! 남의 닭 아주 죽일 터이냐?"

내가 도끼눈을 뜨고 다시 꽥 호령을 하니까 그제야 울타리께로 쪼르르 오더니 울 밖에 섰는 나의 머리를 겨누고 닭을 내팽개친다.

"에이. 더럽다! 더럽다!"

"더러운 걸 널더러 입때 끼고 있으랬니? 망할 계집애년 같으니!"

하고, 나도 더럽단 듯이 울타리계를 힝 하게 돌아내리며 약이 오를 대로 다 올랐다라고 하는 것은 암탉이 풍기는 서슬에 나의 이마빼기에다 물찌

똥을 찍 갈겼는데 그걸 본다면 알집이 터졌을 뿐 아니라 골병은 단단히 든 듯싶다. 그리고 나의 등 뒤를 향하여 나에게만 들릴 듯 말 듯한 음성으로,

"이 바보녀석아!"

"애! 너 배냇병신이지?"

그만도 좋으련만,

"애! 너 느 아버지가 고자라지?"

"뭐? 울아버지가 그래 고자야?"

할 양으로 열벙거지가 나서 고개를 홱 돌리어 바라봤더니 그때까지 울타리위로 나와 있어야 할 점순이의 대가리가 어디 갔는지 보이지를 않는다. 그러나 돌아서서 오자면 아까에 한 욕을 울 밖으로 또 퍼붓는 것이다. 욕을 이토록 먹어가면서도 대거리 한마디 못하는 걸 생각하니 돌부리에 채어 발톱 밑이 터지는 것도 모를 만치 분하고 급기야는 두 눈에 눈물까지 불끈 내솟는다.

…하략…

☞ 김유정, 『동백꽃』 중에서

01 김유정은 향토적이고 서민적인 언어로 재미있게 입말을 잘 살려 쓴 작가입니다. 앞의 글에서 은어나 비속어를 찾아 그 말의 뜻을 10자로 정의 내려보세요.

은어 · 비속어	10자 정의

02 다음은 앞의 글 중에서 거친 말이 들어간 부분을 일부 발췌한 것입니다. 거칠게 쓰인 말을 부드러운 말로 바꿔 보세요.

> "이 자식아! 성례구 뭐구 미처 자라야지!"

> "아, 이년아! 남의 닭 아주 죽일 터이냐?"

> "더러운 걸 널더러 입때 끼고 있으랬니? 망할 계집애년 같으니!"

03 위의 문제에서 예를 든 대사 외에도 본문 중에서 비속어가 나오는 부분이 여러군데 보이죠? 위의 본문에서 비속어가 나오는 부분을 찾아 써 보세요.

04 거칠게 쓰인 원래 말과 부드럽게 고친 말의 느낌을 비교해 보세요.

거친 말	부드러운 말

05 작가는 무슨 의도로 은어와 비속어를 사용하였을까요? 은어와 비속어 사용이 주는 효과를 중심으로 친구들과 의견을 나눠 보세요.

①

②

③

④

06 우리는 문학 작품 속에서 뿐만 아니라 일상생활에서도 은어와 비속어를 사용합니다. 상대방과 다투면서 사용하기도 하지만, 친구들과의 친근감 등을 이유로 사용하기도 하지요. 은어와 비속어의 사용은 자제해야 하는 것인지, 적당한 은어와 비속어의 사용은 필요한지 친구들과 토론해 보세요.

자제해야 한다	적절하게 필요하다

07 여러분은 어떨 때 은어와 비속어를 많이 쓰게 되나요? 비속어와 은어를 사용할 때, 친한 친구끼리 비속어를 사용하여 친구끼리 마음이 상한 적은 없었는지 생각해 보고, 계속 쓰는 게 좋은지 자제해야 하는지 자신의 의견을 써 보세요.

 다음 글을 읽고, 물음에 답해 보세요.

김 첨지는 취중에도 설렁탕을 사가지고 집에 다다랐다. 집이라 해도 물론 셋집이요. 또 집 전체를 세든 게 아니라 안과 뚝 떨어진 행랑방 한 칸을 빌려 든 것인데 물을 길어 대고 한 달에 1원씩 내는 터이다. 만일 김 첨지가 주기를 띠지 않았던들 한 발을 대문에 들여놓았을 제 그곳을 지배하는 무시무시한 정적, 폭풍우가 지나간 뒤의 바다 같은 정적에 다리가 떨렸으리라. 쿨쿨거리는 기침소리도 들을 수 없다. 그르렁거리는 숨소리조차 들을 수 없다. 다만 이 무덤 같은 침묵을 깨뜨리는, 깨뜨린다느니 보다 한층 더 침묵을 깊게 하고 불길하게 하는 빡빡하는 그윽한 소리, 어린애의 젖 빠는 소리가 날 뿐이다. 만일 청각이 예민한 이 같으면 그 빡빡 소리는 빨 따름이요, 꿀떡꿀떡하고 젖 넘어가는 소리가 없으니 빈 젖을 빤다는 것도 짐작할는지 모르리라.

혹은 김 첨지도 이 불길한 침묵을 짐작했는지도 모른다. 그렇지 않으면 대문에 들어서자마자 전에 없이.

"이 난장맞을 년, 남편이 들어오는데 나와 보이지도 않아, 이 오라질 년."

이라고 고함을 친 게 수상하다. 이 고함이야말로 제 몸을 엄습해 오는 무시무시한 증을 쫓아버리려는 허장성세(虛張聲勢, 실속없이 허세만 떠벌림)인 까닭이다.

하여간 김 첨지는 방문을 왈칵 열었다. 구역을 나게 하는 추기(더럽고 꾀죄죄한 기운), 떨어진 삿자리(갈대로 엮어 만든 자리). 밑에서 나온 먼지내, 빨지 않은 기저귀에서 나는 똥내와 오줌내, 가지각색 때가 켜켜이 앉은 옷내, 병인의 땀 썩은 내가 섞인 추기가 무딘 김 첨지의 코를 찔렀다.

　방 안에 들어서며 설렁탕을 한구석에 놓을 사이도 없이 주정꾼은 목청을 있는 대로 다 내여 호통을 쳤다.

　"이런 오라질 년, 주야장천(晝夜長川) 누워만 있으면 제일이야! 남편이 와도 일어나지를 못해"라는 소리와 함께 발길로 누운 이의 다리를 몹시 찼다. 그러나 발길에 채이는 건 사람의 살이 아니고 나무등걸과 같은 느낌이 있었다. 이때에 빽빽 소리가 응아 소리로 변하였다. 개똥이가 물었던 젖을 빼어 놓고 운다. 운대도 온 얼굴을 찡그려 붙여서 운다는 표정을 할 뿐이다. 응아 소리도 입에서 나는 게 아니고 마치 뱃속에서 나는 듯하였다. 울다가 울다가 목도 잠겼고 또 울 기운조차 시진(嘶盡)한 것 같다.

　발로 차도 그 보람이 없는 걸 보자 남편은 아내의 머리맡으로 달려들어 그야말로 까치집 같은 환자의 머리를 껴들어 흔들며,

　"이년아, 말을 해, 말을! 입이 붙었어, 이 오라질 년!"

　"……."

　"으응, 또 대답이 없네, 정말 죽었나버이."

　이러다가 누운 이의 흰 창을 덮은, 위로 치뜬 눈을 알아보자마자,

　"이 눈깔! 이 눈깔! 왜 나를 바라보지 못하고 천장만 보느냐, 응?"
하는 말끝엔 목이 메었다. 그러자 산사람의 눈에서 떨어진 닭의 똥 같은 눈물이 죽은 이의 뻣뻣한 얼굴을 어룽어룽 적시었다. 문득 김 첨지는 미칠 듯이 제 얼굴을 죽은 이의 얼굴에 한데 비비대며 중얼거렸다.

　"설렁탕을 사다 놓았는데 왜 먹지를 못하니, 왜 먹지를 못하니……. 괴상하게도 오늘은, 운수가 좋더니만……"

☞ 현진건, 『운수 좋은 날』 중에서

　다음은 현진건의 『운수 좋은 날』의 일부분입니다. 다음의 내용을 읽고, 비속어를 표준어로 바꾸어 다시 써 보세요.

여러분은 비속어와 은어를 얼마나 사용하고 있나요? 여러분이 알고 있고 쓰고 있는 비속어 중에서 일상용어로 사용해도 괜찮을 것 같은 비속어와 은어를 말하고, 그 이유를 말해 보세요.

알고 있는 비속어(은어)	사용하는 비속어(은어)	
	사용해도 될 만한 비속어(은어)	이유

외모와 능력

교과서 관련 단원 5 : 삶과 갈등 – 소단원 2 : 「육체미 소동」
주제 : 외모가 사람을 평가하는 기준이 될 수 있는가?
주제선정 배경 : 신입사원 면접 때 외모 때문에 좌절을 겪은 일들도 많다는 이야기를
자주 듣는다. 외모에 관심이 많은 청소년들은 외모에 대한 자신감을 올바르게
발전시켜야 할 필요가 있다. 이번 주제에서는 외모가 자신의 능력 중에 하나가
될 수 있는지, 외모가 자신의 능력을 평가하는 기준이 될 수 있는지에 대해 깊
이 생각해보고 자신의 미래를 위해 어떤 노력을 해야 할지를 계획해 보는 시간
이다.

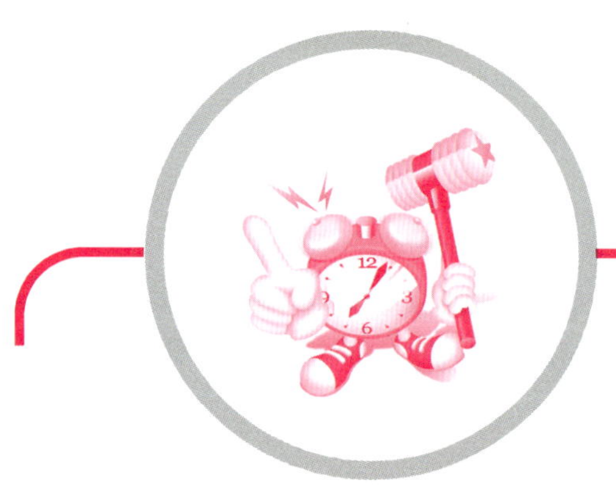

1 옛날 중국 당나라 임금님의 눈을 멀게 할 정도로 미인이었던 양귀비는 사실 뚱뚱했다고 합니다. 옛날 그림을 봐도 미인은 좀 통통하게 그려져 있습니다. 그렇다면 과거와 현재, 미래에는 미인의 기준이 어떻게 변할까요?

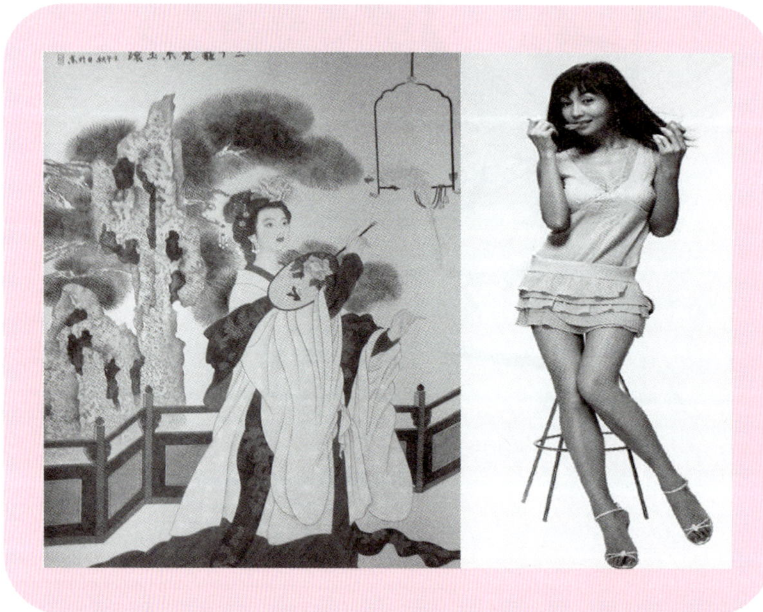

	과거	현재	미래
미인의 기준			

2 내 외모 중에서 마음에 드는 부분과 마음에 들지 않는 부분을 찾아보세요.
왜 그런 마음이 드는지 이유도 써 보세요.

나의 외모	마음에 드는 부분	마음에 들지 않는 부분
	이유	이유

3 취직을 원하던 한 여성이 면접을 보러갔습니다. 그런데 그 여성은 다리가 너무 못생겨서 치마 입는 걸 꺼려했지요. 그 날은 할 수 없이 치마를 입고 면접을 보러갔어요. 하지만 다리가 신경 쓰여서 면접관이 묻는 말에 제대로 답변을 못해 아쉽게 탈락하고 말았어요. 여러분도 외모 때문에 신경 쓰였던 때가 있겠죠. 언제였는지 이야기해 보세요.

나도 그런 일 있다
①
②
③
④

외모가 사람을 평가하는 기준이 될 수 있는가?

다음 글은 직원 채용 시 용모차별과 성차별을 하는 사례를 보도하는 기사문입니다. 잘 읽고 물음에 답하세요.

(가) 채용 때 용모차별은 인권침해다

채용 때 용모차별은 인권침해다. 실업률이 올라가게 되면 으레 여성들의 취업문이 먼저 좁아진다. 청년 실업이 심각한 요즈음 취업을 준비하는 젊은 여성들은 '외모'라는 또 다른 스트레스에 시달리고 있다고 한다. 능력보다도 외모를 중시하는 경향이 점점 더 심해지고 있기 때문이다. 최근 한 온라인 취업 정보 사이트가 기업의 인사 담당자들을 대상으로 설문조사를 했더니, "채용 때 입사지원자의 외모가 당락에 영향을 준다"는 대답이 3분의 2나 되더라고 한다. 2년 전에 같은 조사를 했을 때는 그런 대답이 절반이 채 되지 않았다. 그러다 보니, 취업을 준비하는 여성들이 앞 다퉈 성형수술이나 살빼기를 하고, 후유증에 시달리는 경우도 적지 않다고 한다. 걱정스러운 일이다. 아름다움에 끌리는 것이야 누가 무어랄 수 없는 자연스러운 일이다. 그러나 요즈음 우리나라의 상황은 상궤를 벗어났다. 여러 아름다움 가운데 일부일 뿐인 외모의 아름다움이 마치 아름다움의 전부인양 과장되고 있기 때문이다. 미용 성형수술이 우리나라처럼 일반화한 곳은 따로 찾아보기 어려울 것이다. 비용과 부작용의 우려도 문제지만, 비슷비슷하게 눈 크고 코 오똑한 서양식 미인을 만드는 것이 진정한 아름다움인지 생각해 볼 일이다.

자신에 대한 비하요, 개성을 모독하는 행위 아닌가. 개인을 그런 쪽으로 몰아가는 우리 사회의 병리가 문제다. 용모를 기준으로 채용 여부를 결정하는 것은 위법이다. 남녀고용평등법은 채용에서 직무수행 능력과 상관없는 기준을 적용하는 것을 금지하고 있다. 여성에게만 '용모 단정' 등을 요구하는 것은 남녀차별이라고 본 것이다. 용모차별은 남녀차별에 앞서 인권침해다. 얼마 전 대통령 경호실이 여성 경호원을 공채하면서 '키 160㎝ 이상, 용모 단정' 등의 기준을 내세운 데 대해, 인권위원회가 탈락자가 진정할 경우 조사에 나서겠다고 한 것은 그런 맥락이다. 정부 기관이나 책임 있는 기업이 채용에서부터 인권을 침해해서야 되겠는가.

☞ <한겨레신문>, 2004.12.26.

(나) '신입사원 채용 시 외모·성차별 여전'

신입사원 채용 시 성차별이 여전히 존재하고 있으며 외모도 당락에 상당한 영향을 미치는 것으로 조사됐다.

11일 대학생 인터넷신문 '투유'(www.tou.co.kr)가 50개 대기업 인사담당자를 대상으로 실시한 설문조사에 따르면 '비슷한 조건이라면 남성 지원자를 선호한다'는 응답자가 전체의 44%를 차지한 반면 '여성을 선호한다'는 응답자는 단 한 명도 없었다. '남성이든 여성이든 상관없다'는 응답은 56%였다.

취업지망생 529명을 대상으로 실시한 설문조사에서도 전체 응답자의 68%가 '성적이 비슷할 경우 남자가 유리할 것'이라고 답한 반면 '여자가 유리할 것'이라는 응답은 9.1%에 그쳤다. 또 '비슷한 조건이라면 외모가 나을수록 유리하다'는 응답 비율이 인사 담당자의 경우 50%를 차지했고, 취업준비생의 경우 '외모가 채용에 영향을 미친다'는 응답이 94%에 달했다.

'비슷한 성적이라면 명문대 출신을 선호하느냐'는 질문에는 인사담당자의 74%가 '상관없다'고 답했다.

'수도권 대학 출신과 지방대 출신간 업무 능력에 차이가 있느냐'는 질문에는 76%가 '별 차이가 없다'고 답했고 '이런 차이가 있더라도 신입사원 채용에는 영향을 미치지는 않는다'는 응답이 80%를 차지했다.

반면 취업지망생의 경우 80.2%가 '비슷한 성적이라면 명문대 출신이 취업에 유리할 것'이라고 답했고 '수도권 대학 출신과 지방대 출신간 차이가 채용에 영향을 미칠 것'이라는 응답도 76%를 차지했다.

'학업성적이 실제 업무능력으로 이어지느냐'는 질문에는 인사 담당자의

70%가 '관계없다'고 답했다.

대학졸업자와 졸업예정자 중 어느 쪽을 선호하는지를 묻는 질문에는 '졸업예정자를 선호한다'는 응답이 52%, '상관없다'는 응답이 46%를 각각 차지한 반면 '졸업자를 선호한다'는 응답자는 단 한 명뿐이었다.

인사담당자들은 지원자 평가 시 중시하는 요건으로 창의적 사고력(43%)과 협동성(33%)을 주로 들었고, 최근 채용된 신입사원들에게 부족한 점으로는 책임감(19.4%), 애사심(14.3%), 직장 내 예절(7.1%) 등을 지적했다.

학력 외에 중시하는 경력으로는 자원봉사 아르바이트 등 사회활동경력(44%), 해외유학경력(24%), 수상경력(14%) 등을 꼽았다.

☞ <연합뉴스>, 2005.7.11.

01 위의 기사를 살펴보면 외모도 능력을 평가하는 기준 중에 하나입니다. 위의 글에서 직원 채용 시 외모 외에 능력을 평가하는 기준으로 어떤 기준들을 정하고 있는지 적어 보세요.

02 위의 글 (가)에서 살펴보면, 대통령 경호실이 내세운 여성 경호원 조건이 '키 160㎝ 이상, 용모 단정'이라고 합니다. 여성 경호원을 뽑는데 이러한 기준을 정한 이유는 무엇이라고 생각하나요?

03 여러분이 경호원에 도전했다가 위의 기준에 못 미쳐 탈락했다고 가정하고, 경호실에 항의하는 편지를 짧게 써 보세요.(300자 내외)

04 외모·체격·체력 등 외적인 제한이 꼭 필요한 직업이 있다면 어떤 직업들이 해당할까요. 그리고 그 이유는 무엇일까요?

외적 조건이 필요한 직업	조건이 필요한 이유

05 자신의 외모에 콤플렉스를 가지고 있는 친구가 성형 수술을 하고 싶대요. 그 친구에게 짧은 편지를 써 보세요.

친구에게

년   월   일

친구__________ 가

 다음 글을 읽고 물음에 답하세요.

"외모가 경쟁력" 86%
"성형 생각있다" 55%

외모에 대한 인식(15~49세 남녀 800명 일대일 면접조사)

- 아름다운 외모는 곧 경쟁력이다 86%
- 자신의 외모는 곧 사회적인 위치와 능력을 보여준다 77%
- 성형을 통해 외모에 자신감을 얻을 수 있다면 해도 무방하다 76%
- 내 남자친구나 여자친구가 성형을 한다면 기꺼이 찬성한다 65%
- 좀 더 나은 모습 위해 성형할 마음이 있다 55%
- 외모와 취업을 위한 면접결과는 관련이 있다 94%
- 상대방을 평가할 때 외모의 영향을 받는다 75%
- 필요하다면 자식에게도 성형할 의향이 있다 60%
- 초등학생 자녀 성형시킬 의향 있다 36%
- 한국 사회의 외모에 대한 의식, 행위들은 바람직스럽다 47%

본지·태평양, 국내 첫 뷰티지수 조사

한국의 50세 미만 성인 네 명 중 세 명은 '외모가 인생의 성공에 큰 영향을 준다'고 생각하는 것으로 나타났다.

조선일보와 올해 창립 60주년을 맞은 ㈜태평양이 공동으로 실시한 한국인의 외모에 대한 의식과 행위에 관한 조사 결과, '외모를 개선하기 위해 부인이나 남편의 성형 수술에 찬성하는 비율'이 65%로 조사됐다. 이번 조사는 리서치 전문기관 AC 닐슨에 의뢰, 지난 6월 10일~7월 20일 전국 15~49세 남녀 800명을 일대일 개별 면접해 도출해냈으며 95% 신뢰수준에서 ±3%다.

이번 조사에서는 국내 처음으로 한국인의 아름다움에 대한 관심과 시간 투자, 금전적 투자 등을 통합된 하나의 지수로 만든 '뷰티 지수(Beauty Index)'를 산출해냈다. 소비지출 중 식료품비를 얼마나 사용했는지를 나타내는 '엥겔 지수'처럼 '뷰티 지수'는 자신의 아름다움을 가꾸는 데 들어간 비용과 시간, 관심을 계산한 것이다.

'뷰티 지수가 100'이라고 하면 잠자는 시간을 뺀 모든 시간과 모든 수입을 몽땅 외모 가꾸는 데 투자했다는 뜻이다.

조사 결과 한국인의 뷰티 지수는 평균 49.76점으로 나타났다. 여성이 남성보다 높으며 연령별로는 10~20대가 상대적으로 높았다. 기혼자보다는 미혼자가, 소득수준이 높을수록 뷰티 지수가 높은 것으로 조사됐다. 60점 이상이 과다 지향형이며, 40~50점 평균 수준, 40점 미만이 무관심형으로 분류된다.

AC 닐슨 관계자는 "세계적으로도 뷰티 지수를 산출해 낸 예를 찾아볼 수 없었다"면서 "뷰티 지수를 정기적으로 산출해낼 경우, '엥겔 지수'처럼 하나의 사회 지표가 될 수 있을 것"이라고 말했다.

이번 조사에서 응답자들은 성형 등 외모 개선행위에 대해 적극적이면서도 개방적인 태도를 보였다. 응답자의 55%가 '좀 더 나은 모습으로 보이기 위해 성형할 마음이 있다'고 말했다. '자녀가 초등학생이라도 필요하다면 성형수술을 시킬 의향이 있다'고 대답한 사람은 36%였다.

응답자 중 '외모와 취업을 위한 면접결과는 관련이 있다'고 생각하는 사람은 94%였으며, '외모가 취업에 영향을 미치는 것은 옳다'고 대답한 사람은 56%였다. '나는 상대방을 평가할 때 외모의 영향을 받는다'가 75%였다. '외모가 인간관계에 영향을 준다'가 85%로 조사됐다.

이번 조사에 참가한 ㈜태평양의 홍지선씨는 "한국 사회의 밑바닥에 '외모지상주의'가 자리잡고 있음을 확인했다"면서 "취업과 승진뿐 아니라 친구나 이성, 사회 서열 등의 인간관계에 있어서 외모가 상당한 영향력을 갖고 있었다"고 분석했다.

뷰티 지수 처음 시도된 '뷰티 지수(Beauty Index)'란 개인이 얼마나 자신의 아름다움을 가꾸는 데에 관심을 가지고 있으며, 시간과 돈을 각각 얼마나 투자하느냐를 통합해 계산한 지수다. 아름다움에 대해 10원을 들이는 것과, 10분의 시간을 들이는 것의 강도가 같다고 볼 수는 없다. 이 때문에 금전적 투자·시간적 투자·관심 정도의 가중치를 특별 계산법에 의해 각각 구한 뒤, 뷰티 지수 도출에 반영했다.

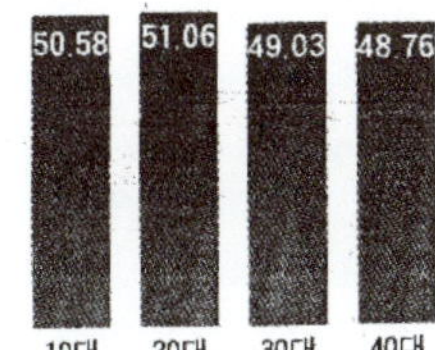

연령에 따른 뷰티 지수

10대	20대	30대	40대
50.58	51.06	49.03	48.76

성형 부위별 경험자

- 쌍꺼풀/눈지방제거 39명
- 코 6명
- 피부 스케일링 3명
- 점 빼는 것 2명

☞ <조선일보>, 손정미 기자, 2005.9.5.

위의 글은 한국인의 외모에 대한 의식과 행위에 관한 조사 내용입니다. 여러분의 외모에 대한 지수는 얼마나 되는지 알아볼까요?

내용	외모 지수				
	매우 그렇다	그렇다	보통이다	아니다	전혀 아니다
아름다운 외모는 곧 경쟁력이다					
자신의 외모는 곧 사회적인 위치와 능력을 보여 준다					
성형을 통해 외모에 자신감을 얻을 수 있다면 해도 무방하다					
내 남자친구나 여자친구가 성형을 한다면 기꺼이 찬성한다					
좀 더 나은 모습을 위해 성형할 마음이 있다					
상대방을 평가할 때 외모의 영향을 받는다					
필요하다면 자식에게도 성형을 시킬 의향이 있다					

여러분도 친구의 외모와 자신의 외모를 비교하며 많은 고민을 하고 있지요. 여러분이 외모에 신경 쓰는 이유를 생각해 보았나요? 여러분이 외모에 신경 쓰는 이유 다섯 가지를 우선순위부터 써 보세요.

①

②

③

④

⑤

루키즘(Lookism)이란?

외모지상주의를 뜻하는 루키즘(lookism)이 미국에서 부각되기 시작한 것은 뉴 밀레니엄이 시작되면서 부터였다. 뉴욕타임즈의 컬럼니스트인 윌리엄 새파이어가 성별 인종 종교 등과 같은 차별 요소로 루키즘을 지목하자 사회이슈로 본격 등장한 것이다.

이를 계기로 외모가 사생활은 물론 취업이나 승진 등 인생의 성공까지도 좌우하게 된다고 믿는 사람들이 너도 나도 다투어 몸매가꾸기에 나섰다.

다이어트로 대변되는 몸매가꾸기는 주로 선진국 여성들 사이에서 붐을 타고 있다. 그렇잖아도 과영양으로 인한 비만이 문제되는 터어서 몸매에 대한 관심은 갈수록 높아만 가고 있는 것이다.

우리나라에서도 외모지상주의는 예외가 아니다. 특히 청소년들 사이에서는 "얼짱 신드롬"이 일면서 병적이다 싶을 정도로 갸름한 얼굴에 가는 허리, 날씬한 다리를 만드는 일에 시간과 돈을 투자하고 있다. 이는 여성 포털사이트인 팟찌닷컴의 최근 조사에서도 극명하게 드러나는데, 올 한해 젊은 여성들이 가장 크게 받은 스트레스는 다이어트로 나타났다. 돈이나 직장 일에 대한 스트레스 강도보다 훨씬 앞질렀다. 자칫 얼굴만 예쁜 생명 없는 바비인형이 양산되고 있다는 비판이 나오는 것도 무리는 아닌 듯하다.

다이어트에 대한 부작용 또한 심각하다고 한다. 거식증과 탈모 그리고 요요현상이 나타나는가 하면 아무 음식도 먹을 수 없는 정신질환인 "신경성 식욕부진"이라는 신종병까지 생겨났다. 오죽했으면 영국에서 매년 5월 6일을 "다이어트 없는 날(Not Diet Day)"로 정했을까 싶다. "몸짱"에 맞서 생긴대로 당당하게 살자는 "몸꽝족"이 등장하고 있는 것도 몸매를 지나치게 중시하는 풍조에 대한 반작용일 것이다.

한국의 여성들은 전통적으로 외모보다는 내면의 품성과 덕을 더욱 중요한 가치로 여겼다. 몸 하나로 인생의 승부를 걸다시피 하며 벌이는 요즘 "육체와의 다이어트 전쟁"과는 분명 거리가 있다. 오직 화려한 외모

만을 강조하는 이유가 여성을 상품화하는 비인간적인 것이라는 여성학자 베티 프리단의 진단이 설득력 있게 다가온다.

☞ 박영배 논설위원

단원 8
국가와 개인

교과서 관련 단원 7 : 문학과 사회

주제 : 국가가 개인을 위해 존재하는가? 개인이 국가를 위해 존재하는가?

주제선정 배경 : 전쟁이라는 극한 상황이나 나라를 빼앗긴 상황에서 우리 조상들은 자신의 목숨까지도 내 놓으며 나라를 지켰다. 그때 그렇게 나라를 지킨 우리 선조들이 없었다면 지금의 우리 모습은 어떻게 다를지 생각해 보고, 우리는 국가를 위해 어떤 일을 할 수 있는지 알아보자. 또한 국가의 존재가 나에게 어떤 영향을 미치는지도 살펴보자.

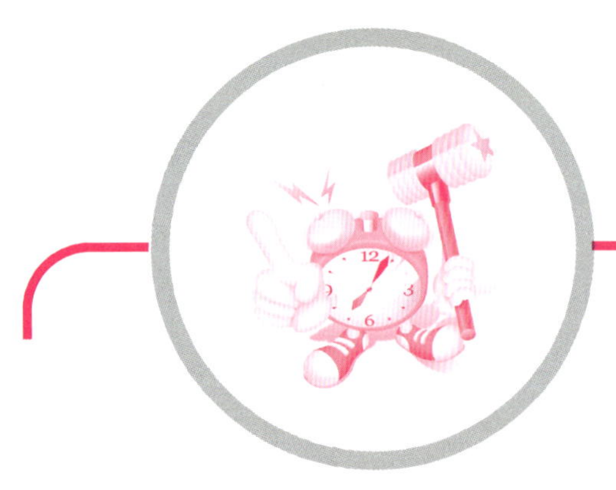

다음 글은 백범 김구의 『백범일지』에서 「나의 소원」이라는 제목의 글입니다. 김구의 애국하는 마음을 헤아리며 잘 읽어 보세요.

"네 소원이 무엇이냐?" 하고 하나님이 물으시면, 나는 서슴지 않고

"내 소원은 대한 독립이오."

하고, 대답할 것이다.

"그 다음 소원은 무엇이냐?"

하면, 나는 또

"우리나라의 독립이오."

할 것이요. 또

"그 다음 소원이 무엇이냐?"

하는 셋째 번 물음에도, 나는 더욱 소리를 높여서

"나의 소원은 우리나라 대한의 완전한 자주독립이오."

하고 대답할 것이다.

동포 여러분! 나 김구의 소원은 이것 하나밖에는 없다. 내 과거의 70 평생을 이 소원을 위해 살아왔고, 현재에도 이 소원 때문에 살고 있고, 미래에도 나는 이 소원을 달하려고 살 것이다. 독립이 없는 백성으로 70 평생에 설움과 부끄러움과 애탐을 받은 나에게는 세상에 가장 좋은 것이 완전하게 자주독립한 나라의 백성으로 살아보다가 죽는 일이다. 나는 일찍이 우리 독립 정부의 문지기가 되기를 원했거니와, 그것은 우리나라가 독립국만 되면 나는 그 나라에 가장 미천한 자가 되어도 좋다는 뜻이다. 왜 그런고 하면, 독립한 제 나라의 빈천이 남의 밑에 사는 부귀보다 기쁘고, 영광스럽고, 희망이 많기 때문이다.

옛날 일본에 갔던 박제상이

"내 차라리 계림의 개 돼지가 될지언정 왜왕의 신하로 부귀를 누리지 않겠다."

한 것이 그의 진정이었던 것을 나는 안다. 제상은 왜왕이 높은 벼슬과 많은 재물을 준다는 것도 물리치고 달게 죽임을 받았으니, 그것은

"차라리 내 나라의 귀신이 되리라"

함에서였다.

근래 우리 동포 중에는 우리나라를 어느 이웃나라의 연방에 편입하기를 소원하는 자가 있다 하니, 나는 그 말을 차마 믿으려 아니하거니와 만일 진실로 그러한 자가 있다 하면, 그는 제정신을 잃은 미친놈이라고밖에 볼 길이 없다.

나는 공자·석가·예수의 도를 배웠고 그들을 성인으로 숭배하거니와, 그들이 합하여서 세운 천당·극락이 있다 하더라도 그것이 우리 민족이 세운 나라가 아닐진대, 우리 민족을 그 나라로 끌고 들어가지 아니할 것이다.

☞ 김구, 『백범일지』, 돌베개, 2002.

1 위의 글에서 김구는 박제상의 이야기를 예로 들면서 나라 없는 설움에 대한 자신의 심정과 나라 사랑하는 마음을 간절하게 호소하고 있습니다. 여러분은 국가를 사랑하는 마음이 있다면 어떤 소원을 말할지 써 보세요.

어른들은 여러분에게 '나라의 일꾼'이라고 말합니다. 여러분이 국가나 사회를 위해 한 일들은 무엇이었는지 찾아보세요. 그리고 할 수 있는 일들은 무엇이 있다고 생각하는지 써 보세요.

국가·사회를 위해 한 일	국가·사회를 위해 할 일
1.	
2.	
3.	
4.	
5.	

 아래의 '국민교육헌장'의 전문에 맞춰 나라의 발전을 위한 여러분의 다짐을 만들어 보세요.

국민교육헌장 전문

우리는 민족중흥의 역사적 사명을 띠고 이 땅에 태어났다. 조상의 빛난 얼을 오늘에 되살려 안으로 자주독립의 자세를 확립하고, 밖으로 인류 공영에 이바지할 때다. 이에 우리의 나아갈 바를 밝혀 교육의 지표로 삼는다. 성실한 마음과 튼튼한 몸으로 학문과 기술을 배우고 익히며, 타고난 저마다의 소질을 계발하고 우리의 처지를 약진의 발판으로 삼아 창조의 힘과 개척의 정신을 기른다. 공익과 질서를 앞세우며 능률과 실질을 숭상하고, 경애와 신의에 뿌리박은 상부상조의 전통을 이어받아 명랑하고 따뜻한 협동 정신을 북돋운다. 우리의 창의와 협력을 바탕으로 나라가 발전하며 나라의 융성이 나의 발전의 근본임을 깨달아, 자유와 권리에 따르는 책임과 의무를 다하며, 스스로 국가 건설에 참여하고 봉사하는 국민정신을 드높인다. 반공 민주 정신에 투철한 애국 애족이 우리의 삶의 길이며, 자유세계의 이상을 실현하는 기반이다. 길이 후손에 물려줄 영광된 통일 조국의 앞날을 내다보며, 신념과 긍지를 지닌 근면한 국민으로서 민족의 슬기를 모아 줄기찬 노력으로 새 역사를 창조하자.

우리는 대한민국 발전을 위해 199(　　)년 (　　)월 (　　)일에 이 땅에 태어났다.

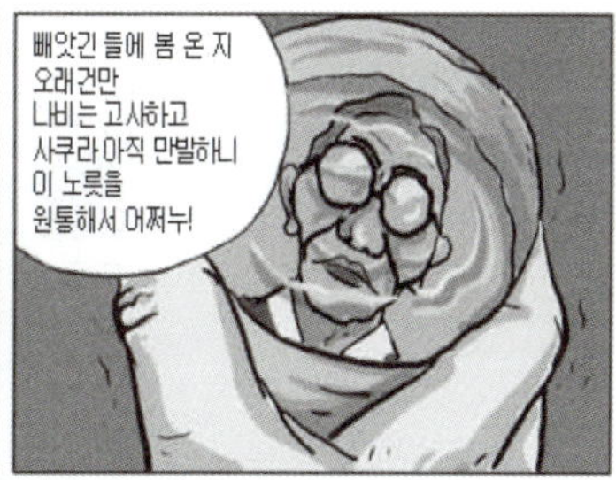

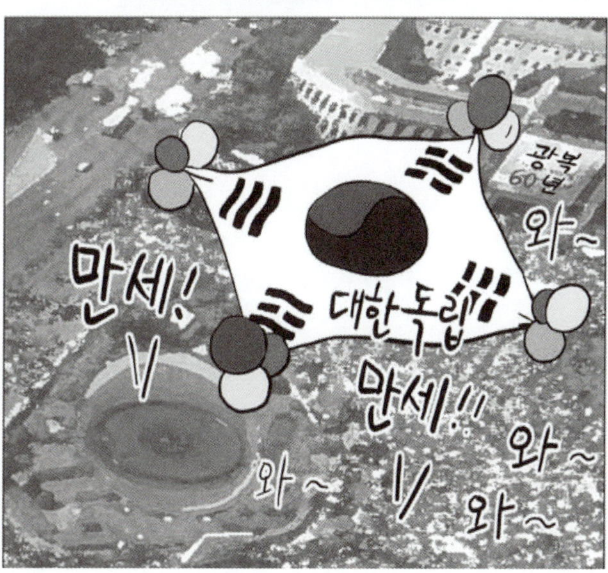

위 만화를 보고 연상되는 낱말이나 문장을 자유롭게 써 보세요.

다음 글은 교과서에 수록된 「안네의 일기」입니다. 전쟁이라는 극한 상황 속에서 안네 가족의 위기의 순간을 생생히 느낄 수 있을 겁니다. 잘 읽고 물음에 답하세요.

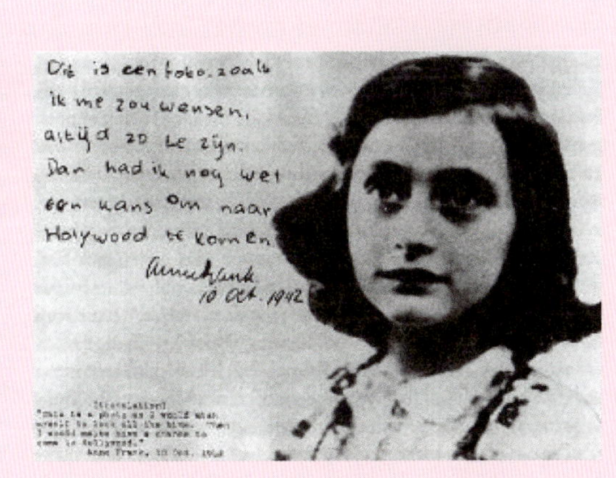

1942.7.8.(수)

키티님

일요일부터 오늘까지 몇 해나 흐른 듯한 느낌이 듭니다. 마치 온 세계가 뒤집힌 듯이 여러 가지 일이 일어났습니다. 하지만, 나는 아직 살아 있습니다. 아빠는 그것이 중요하다고 말했습니다.

그렇습니다. 나는 아직 살아 있습니다. 그러나 어디서, 어떻게 살아 있느냐고는 묻지 말아 주세요. 당신은 알고 있을 테니까요. 일요일 오후에 일어난 일부터 이야기 하겠습니다.

오후 세 시, 누군가 바깥문의 벨을 울렸습니다. 하리는 막 돌아갔고, 나중에 다시 오기로 되어 있었습니다. 나는 베란다에서 볕을 쬐며 누워서 책을 읽고 있었기 때문에 벨 소리를 듣지 못했습니다. 조금 뒤에 대단히

　흥분한 언니가 주방문께로 와서 "나치의 친위대에서 아빠에게 호출장을 보냈어. 엄마는 아까 팬던 씨를 만나러 갔어." 하고 속삭였습니다. 팬던 씨는 아빠의 회사 동료입니다. 나는 언니의 말을 듣고 깜짝 놀랐습니다.

　호출장! 그것이 무엇을 의미하는지는 누구나 다 알고 있습니다. 나는 강제 수용소와 쓸쓸한 감방을 생각했습니다. 아빠를 그런 곳에 보낼 수 있을까요? 엄마를 기다리는 동안 언니는, "물론 아빠는 그런 곳에 가지 않아. 엄마는 내일 은신처로 이사 가는 것이 좋을지를 팬던 씨에게 의논하러 갔어. 팬던 씨네 가족도 우리와 함께 가니까 모두 7명이야." 하고 말했습니다. 그러나 곧 우리 둘 다 입을 다물고 말았습니다. 아빠를 생각하니 말할 기력이 없었습니다. 아빠는 아무것도 모른 채 요양소로 아는 노인들을 위문하러 갔습니다. 엄마가 돌아오기를 기다리면서 우리 둘은 더위와 긴장으로 한 마디도 말을 하지 않았습니다.

　갑자기 다시 벨이 울렸습니다. "하리다!" 하고 나는 말했습니다. "문을 열면 안 돼." 하고 언니는 나를 말렸습니다. 그 때 아래층에서 엄마와 팬던 씨, 그리고 하리의 이야기 소리가 들렸습니다. 세 사람은 집 안으로 들어오자 문을 꼭 닫았습니다. 벨이 울릴 때마다 아빠인지를 확인하기 위해 언니나 내가 살짝 아래로 내려가곤 했습니다.

　팬던 씨는 언니와 나에게 다른 방에 가 있으라고 했습니다. 아저씨는 엄마하고만 이야기하고 싶었던 것입니다. 언니와 둘이서 침실에 있을 때, 언니는 호출장이 아빠에게 온 것이 아니고 자기에게 온 것이라고 말했습니다. 나는 너무도 무서워서 울음을 터뜨리고 말았습니다. 언니는 아직 열여섯 살입니다. 이런 소녀를 정말로 혼자 데려가는 것일까요? 아니, 언니를 보낼 수는 없습니다. 엄마가 그렇게 말했으니까요. 아빠가 언젠가 숨어 살 집으로 옮겨야겠다고 하신 말을 이제야 이해할 수 있었습니다. 숨는다 해도 어디로 가는 것일까요? 시내일까, 아니면 시골일까? 살 곳은 집일까? 아님 움막일까?

　이런 것을 물으면 안 된다고 했지만 나는 도저히 생각하지 않을 수가 없었습니다. 언니와 나는 각기 가장 중요한 것을 책가방에 챙기기 시작했습니다. 내가 제일 먼저 넣은 것은 이 일기장입니다. 그리고 머리를 손질하는 기구, 손수건, 교과서, 빗, 오래된 편지 등입니다. 숨으러 가는데 이런 것을 가방에 넣다니, 남들은 미친 짓이라고 생각할지 모르지만 나는

▲ 안네의 은신처

◀ 안네의 방

후회하지 않습니다. 내게는 옷보다도 추억이 소중합니다.

오후 다섯 시에 아빠가 돌아오셨기에 코프하이스 씨에게 전화해서 저녁 때 집으로 와 달라고 부탁했습니다. 팬딘 씨는 외출했다가 미프 아주머니를 데리고 왔습니다. 미프 아주머니는 1933년 이래, 아빠와 함께 일해 온 관계로 친한 친구가 되었습니다. 결혼한 지 얼마 되지 않은 그녀의 남편 헹크 아저씨도 그렇습니다.

아주머니는 신발, 의복, 코트, 속옷, 양말 등을 가방에 챙겨서 저녁 때 돌아온다고 약속하고 나갔습니다. 아주머니가 가버리자 모두 입을 다물고 말았습니다. 다들 아무것도 먹고 싶지가 않았습니다. 아직 덥고, 모든 것이 무척 묘했습니다. 우리는 이층의 방 하나를 고트스미트란 사람에게 빌려주고 있었습니다. 부인과 헤어진 삼십 대의 남자로 이날 밤은 우리들과 전혀 관계가 없는 사람이었지만, 곁에 있는 것을 가라고 쫓아 보낼 수도 없고 그래서 그는 열 시까지 우물쭈물하고 있었습니다. 열한 시에 미프 아주머니가 남편과 함께 왔습니다. 아주머니는 신발, 양말, 책, 속옷 등을 가방에 챙기고, 아저씨는 웃옷의 큰 호주머니에 여러 가지 것을 넣고, 열한 시 반에 두 사람은 나갔습니다. 나는 몹시 지쳤기 때문에 이것이 내 침대에서 자는 마지막 밤이란 것을 알면서도 잠들었고, 다음 날 아침 다섯 시 반에 엄마가 깨울 때까지 눈을 뜨지 않았습니다. 다행히 일요일만큼 덥지 않았고 진종일 비가 내렸습니다. 우리들은 되도록 옷을 많이 가져가고 싶었기에, 마치 북극에라도 가듯이 잔뜩 껴입었습니다. 우리들과 같은 처지의 유대인들은 여행용 가방에 옷을 넣어 외출한다는 것은 꿈에도 생각지 못합니다.

　나는 속옷을 두 벌이나 입은 위에 드레스를 입고, 그 위에 치마를 입고, 재킷과 여름 코트를 입고, 두 켤레의 양말 위에 신을 신고, 털모자를 쓰고, 스카프를 목에 감고……. 우리들은 떠나기 전에 질식할 것만 같았지만 누구도 입을 열지는 않았습니다. 언니는 책가방에 교과서를 챙긴 후, 자전거를 타고 미프 아주머니를 따라 어디론가 가 버렸습니다. 물론 숨어 살 집으로 간 것이지만, 그 곳이 어디쯤인지 나는 알 수가 없었습니다. 일곱 시 반에 모두가 밖으로 나가 문을 닫았습니다. 테이블은 아침 식사를 한 채 치우지도 않고, 침대는 침대보와 담요가 벗겨져 있는 그대로입니다. 모든 것이 우리들이 당황스레 달아났다는 인상을 주었지만 그런 것은 상관없었습니다. 우리들은 다만 여기를 피해 안전한 곳으로 가고 싶을 뿐입니다. 내가 이별을 고한 것은 아기고양이 모르체 뿐이었습니다. 모르체는 어딘가 이웃집에 가도 귀여움을 받겠지요. 주방에 고양이를 위해 살코기를 조금 놓아두었습니다. 그리고 고트스미트 씨에게 쓴 편지에 고양이 부탁을 해 두었습니다.

　내일 계속해서 쓰겠습니다.

안네로부터

01

안네의 가족은 왜 독일에서 살지 못하고 피난을 가야했는지 아는 대로 말해 보세요.

①

②

③

④

02

안네의 가족은 독일에 살던 유대인이었어요. 세계대전이 터지자 독일인은 유대인을 박해하기 시작했고, 안네의 가족들은 살던 보금자리를 떠나 피신처를 찾아야 했지요. 우리나라도 일제강점기에 이와 비슷한 경험을 했어요. 지금 우리나라가 없고 우리가 안네의 가족 같은 상황이었다면 우리는 어떤 생활을 하고 있을지 상상해 보세요.

①

②

③

④

03

세계 곳곳에는 유대인들의 위력을 높이 평가하는 사람이 많이 있어요. 그들은 나라는 없지만 세계인의 많은 주목을 받고 있지요. 여러분이 알고 있는 탈무드와 연관지어 그들이 어디서 그런 저력이 생기는 것인지 이야기해 보세요.

04 안네의 가족이 독일과 같은 강한 국가의 국민이어도 그런 수모를 겪었을지 생각해 보고, 국가의 필요성에 대해 이야기해 보세요.

05 국가는 개인을 위해 존재해야 하는지, 아니면 개인이 국가를 위해 존재해야 하는지 자신의 주장을 타당한 근거를 들어 써 보세요.

국가가 개인을 위해 존재한다	개인이 국가를 위해 존재한다
1.	1.
2.	2.
3.	3.
4.	4.
5.	5.

사회주의 독립운동가의 '復權'

　　김철수라는 이름이 있다. 1920년대를 대표하는 사회주의 계열 독립운동가이다. 해방 후 월북하지도 않았고, 북한 정권 수립에 가담하지도 않았다. 좌우합작 통일정부 수립에 진력하다 정치상황에 환멸을 느껴 1947년 모든 활동을 접고 낙향, 농사꾼으로 여생을 보냈다. 13년 8개월간 옥고를 치를 만큼 불굴의 독립투쟁을 펼쳤고, 친북활동의 전력이 없었음에도 그는 1986년 타계할 때까지 1급 감시 대상으로 한 평생 공안당국의 감시를 받았다. 그가 해방 60년 만에 조국으로부터 인정받았다.

　　국가보훈처는 8·15 광복절을 계기로 214명의 순국선열과 애국지사에 대해 서훈을 추서할 것이라고 밝혔다. 님 웨일스의 저서 '아리랑'의 주인공 김산과 김단야, 김한, 정헌태, 최윤구 선생 등 사회주의 계열 독립운동가 47명이 포함됐다. 지난 3·1절 여운형 선생 등을 서훈한 데 이어 두 번째 이뤄지는 사회주의 독립운동가들에 대한 복권이다.

　　해방 60년, 이제야 반쪽짜리 독립운동사가 복원되고 그래서 역사의 진실에 보다 다가서는 계기가 세워지고 있는 셈이다. 독립운동에선 좌와 우의 차이가 없이 오로지 민족의 해방을 위해 나섰으나, 오랫동안 조국은 그들을 이념의 잣대로 차등하고 배척해왔다. 북한 건국에 기여했거나, 월북해 북한 정권에서 고위직을 맡은 인사들까지 평가하는 것은 현실적으로 어렵다. 하지만 그런 전력이 없는 이들도 오로지 사회주의 계열에 속했다는 이유만으로 독립투쟁의 공적을 반세기 넘게 외면했다. "또다시 (나라가) 망해도 독립운동을 하면 내가 개다"라는 어느 독립운동가 후손의 외침에 떳떳지 못한 역사는 온전한 것일 수 없다. 일제강점기 오로지 독립을 위해 헌신했던 이들에게 덧씌운 현세의 편견과 이념의 잣대를 벗기는 일, 그것이 곧 역사를 바로 세우는 것이고 우리 시대에 주어진 책무일 것이다.

☞ <경향신문>, 2005.8.3.

 다음 글을 읽고, 물음에 답하세요.

〈실미도〉

출연 : 안성기, 설경구, 정재영, 임원희, 강성진.

북으로 간 아버지 때문에 연좌제에 걸려 사회 어느 곳에서도 인간 대접 받을 수 없었던 강인찬(설경구 분) 역시 어두운 과거와 함께 뒷골목을 전전하다가 살인미수로 수감된다. 그런 그 앞에 한 군인이 접근, '나라를 위해 칼을 잡을 수 있겠냐'는 엉뚱한 제안을 던지곤 그저 살인미수일 뿐인 그에게 사형을 언도하는데…… 누군가에게 이끌려 사형장으로 향하던 인찬, 그러나 그가 도착한 곳은 인천 외딴 부둣가, 그곳엔 인찬 말고도 상필(정재영 분), 찬석(강성진 분), 원희(임원희 분), 근재(강신일 분) 등 시꺼먼 사내들이 잔뜩 모여 있었고 그렇게 1968년 대한민국 서부 외딴 섬 '실미도'에 기관원에 의해 강제 차출된 31명이 모인다. 영문 모르고 머리를 깎고 군인이 된 31명의 훈련병들, 그들에게 나타난 예의 그 묘령의 군인은 바로 김재현 준위(안성기 분), 어리둥절한 그들에게 "주석궁에 침투, 김일성 목을 따 오는 것이 너희들의 임무다"는 한 마디를 시작으로 냉철한 조중사(허준호 분)의 인솔 하에 31명 훈련병에 대한 혹독한 지옥훈련이 시작된다.

'684 주석궁폭파부대'라 불리는 계급도 소속도 없는 훈련병과 그들의 감시와 훈련을 맡은 기간병들…… "낙오자는 죽인다, 체포되면 자폭하라!"는 구호 하에 실미도에는 인간은 없고 '김일성 모가지 따기'라는 분명한 목적만이 존재해간다. 영화에 등장하는 실미도 북파 부대는 68년 1월 김신조 일당의 청와대 기습 사건(1.21 사태) 직후 보복 조치로 그 해 4월 창설된 '684부대'로, 정식명칭은 공군 제 7069부대 2325전대 209파견대였다. 부대 창설을 주도한 사람은 당시 권력 실세였던 김형욱 중앙정보부장과 대북공작책 제1국장 이철희였다. 오랫동안 지옥 훈련을 견뎌오던 그들은 정부의 약속이 지켜지지 않자 기간병을 살해한 후 실미도를 탈출, 청와대로 향하던 중 결국 수류탄 자폭을 선택했다. 이때가 1971년 8월 23일, 이를 '군특수범 난동 사건' 혹은 '실미도 사건'이라 부른다.

영화 속 실미도 북파 부대원처럼 개인의 생명이 국가의 목적에 의해 좌우될 수 있다고 생각하는지요. 아니면 그래서는 안 된다고 생각하나요?

그럴 수도 있다	절대 그럴 수 없다
1.	1.
2.	2.
3.	3.
4.	4.
5.	5.

영화 속 실미도에서 훈련 받은 군인들은 사회에서는 낙오된 전과자들이었어요. 하지만, 국가의 명령을 따라 훈련도 받고 나라를 지킨다는 사명감도 있었죠. 그러나 '684부대'는 북으로 넘어가지도 못한 채 자폭해야만 했어요. 당시의 상황을 말하고 그들이 자폭한 이유를 말해 보세요.

 만약 전쟁이 났다면, 국가와 가족 중 여러분은 무엇을 먼저 지킬 것인지 말해 보세요.

4 부당한 국가 권력이나 집단이 개인에게 내리는 명령을 따를 것인지, 아니면 부당한 명령에는 복종하지 말아야 하는지 타당한 근거를 찾아 자신의 의견을 적어 보세요.

명령에 따라야 한다	부당하다면 따르지 않는다

지구촌 對테러법 — 시민권 '충돌'

　2001년 '9·11 테러' 이후 영국·프랑스·호주 등 서방국가들이 테러 방지법 제정과 안보 및 치안 강화 등의 정책을 추진하면서 시민권을 제약하는 위험한 사태가 빚어지고 있다. 최근 연일 계속되고 있는 프랑스 빈민가 시위가 보여주듯이 시민의 안전을 위한다는 국가의 정책이 실제로는 시민의 안전을 위협하고 있다.

　프랑스는 역이나 공항 등 공공장소 폐쇄회로TV(CCTV) 설치 확대 등을 통해 테러행위를 막겠다고 나섰으나 시민단체 등의 반발에 직면해 있다.

　본토에서 테러행위가 발생한 적이 없는 호주는 테러 용의자에 대한 구금기간을 연장하는 방안을 청문회 등 적법 절차 없이 통과시켜 강한 반발을 사고 있다. 영국은 테러 용의자를 기소 없이 구금하는 기간을 현재 14일에서 90일까지 연장하는 방안을 추진하고 있으나 여당인 노동당은 물론 야당의 반발에 부딪혀 원점에서 다시 논의할 준비를 하고 있다.

☞ <경향신문>, 조찬제 기자, 2005.11.3.

'용의자구금 가혹' 논란
'본토공격 없는데…' 정부 과도한 반응 비판

호주 상원은 3일 테러 용의자를 구금하거나 감시하는 광범위한 권한을 경찰이나 정보기관에 부여하는 내용을 담은 테러방지법을 통과시켰다. 존 하워드 호주 총리는 상원 통과 하루 전인 2일 호주가 잠재적인 테러 공격에 직면해 있다고 경고하는 등 법안 통과를 위한 조치를 취하기도 했다.

하워드 총리의 정치적 후원자마저도 가혹하다고 표현하는 테러방지법안은 ▲정보기관의 전면 개편 ▲경찰에 용의자에 대한 기소 없이 14일간 예비구금을 허용하되 벌금형을 선고받은 경우를 제외하고는 가족과의 면담 금지 ▲용의자에게 최대 1년간 전자추적장치 착용 ▲선동의 정의를 정부에 대한 불만 조장이나 그룹간 적대감을 조장하는 것으로 확대 등을 담고 있다.

특히 가장 반발하고 있는 테러 용의자에 대한 구금기간을 14일까지 허용하기로 한 데 대해서 호주 정부는 영국이 이 기간을 90일까지 연장을 추진하고 있는 데다 프랑스는 최대 3년까지 허용하고 있다면서 정당화하고 있다.

이 법안은 야당인 노동당으로부터도 전폭 지지를 받았지만 상원 통과 때까지 자세한 내용이 공개되지 않았으며, 청문회나 최소한의 토의 과정을 거치지 않는 등 여론을 반영하지 못했다는 비판을 받고 있다.

특히 전문가들은 호주 본토가 한번도 테러공격을 받지 않았다는 점을 들어 정부가 과도한 반응을 보이고 있다고 비판했다.

캔버라에 있는 전략정책연구소 알도 보르구 소장은 "정부는 테러방지법 강화의 논리로 지난 7·7 런던 테러 이후 호주 내부에 테러 위험이 높아지고 있다고 하지만 호주 안에서 테러는 없었다"면서 "내세운 전제 자체가 잘못됐다"고 지적했다.

☞ <경향신문>, 조찬제 기자, 2005.11.3.

장애인과 비장애인

교과서 관련 단원 7 : 문학과 사회(3) :「옥상의 민들레 꽃」

주제 : 장애인과 비장애인이 같이 교육받는 것은 비효율적인가?

주제선정 배경 : 과거에는 장애인 특수학교와 일반학교가 있어 장애인을 따로 교육했다. 하지만 요즘 많은 학교에서 굳이 특수학교에 보내지 않아도 될 장애인들을 일반학생과 통합교육을 하고 있다. 장애인과 통합교육을 하기 위해 학교 건물을 고치고, 학교생활을 도와주는 친구들도 많이 눈에 띈다. 또한 일반학생만큼 뛰어난 능력을 발휘하는 장애인도 많이 있다. 이 장에서는 장애인과 비장애인이 같이 교육받은 것이 효율적인지 비효율적인지 생각해 보고, 일반학생과 장애인이 서로 어떤 도움을 주고받을지 생각해 보자.

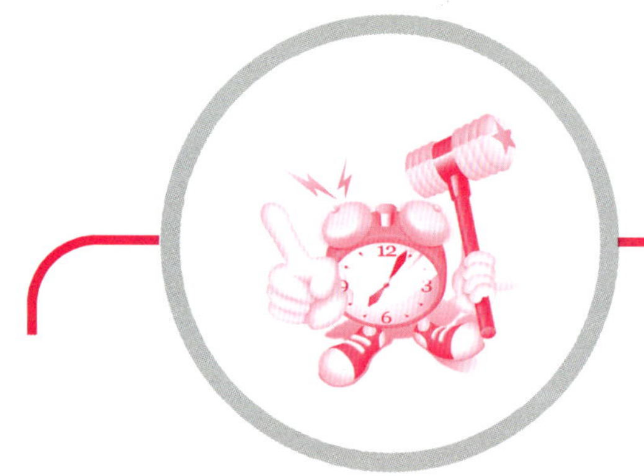

 다음은 '장애인'에 대한 상식 테스트입니다.

맞다고 생각하면 ○표를, 틀리다고 생각하면 ×표를 하세요.

1. 장애인은 대부분 태어날 때부터 장애인이었다. (   )

2. 시각장애인은 안내하는 맹도견만 있으면 어디든지 마음대로 갈 수가 있다. (   )

3. 청각장애인 중에는 조금은 들을 수 있는 사람이 있다. (   )

4. 뇌성마비 장애인은 지능도 낮다. (   )

5. 장애인을 만났을 때에는 그 사람이 무엇을 원하는지 물어보고 도움을 준다. (   )

6. 시각장애인도 내용을 설명해 주면 함께 텔레비전이나 영화를 함께 즐길 수 있다. (   )

7. 장애인 친구를 도와주면 나도 장애인이 된다. (   )

8. 장애인은 같은 장애를 가진 사람끼리 교육을 받는 것이 더 효과적이다.(   )

9. 장애인은 결혼해서 아이를 낳을 수 없다. (   )

10. 장애인은 취직이 되어도 일을 잘 못할 것이 분명하므로 처음부터 일을 시키지 않는 것이 더 좋다. (   )

→ 다음은 주관식입니다.

1. 장애인의 날은 몇 월 며칠입니까? (월   일)

2. 장애인에는 어떤 장애인들이 있습니까? 정확한 호칭을 써서 답하시오.

1 우리 주변에 장애인들이 사용할 수 있도록 편리하게 만들어 놓은 편의시설에는 어떤 것들이 있습니까?

편의시설
①
②
③
④
⑤
⑥
⑦
⑧
⑨
⑩

2 장애가 있는 친구가 우리 반 아이가 되었습니다. 그 친구에게 내가 배울 수 있는 점은 무엇이 있을까요?

3 장애인을 얕보거나 깔보는 말에는 어떤 말들이 있는지 써 보세요.

4 장애인에게 쓰지 말아야 할 말에는 어떤 것이 있을까요?

5 장애인에게 쓰지 말아야 할 말을 쓸 때에는 어떤 생각으로 그런 말을 썼는
지 생각해 보세요.

휠체어를 타고 다니는 친구가 우리 학교에 왔을 때 가장 불편할 것 같은 무엇인가요?

눈이 안 보이는 친구가 우리 교실에서 함께 공부를 한다면 그 친구를 위해 해 줄 수 있는 일을 말해 보세요.

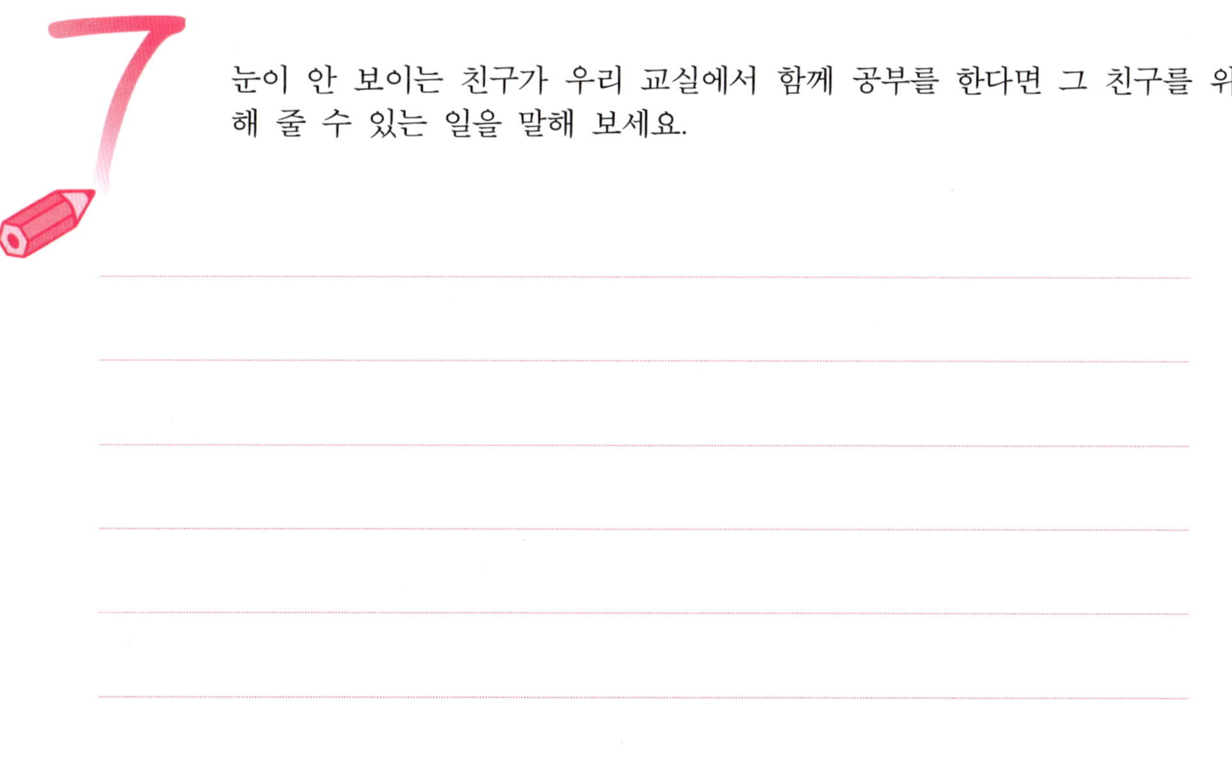

장애인과 비장애인이 같이 교육받는 것은 비효율적인가?

 다음 글을 읽고 물음에 답하세요.

조은영양(가운데)이 1일 2,000원을 입금한 직후 그간 자신과 돈독한 우정을 쌓아온 경기 수원 장안신협 직원들과 함께 환하게 웃고 있다. | 남호진기자

장애인 소녀 은영이와 장안信協 직원들

'아름다운 거래'

정신지체장애(1급)를 앓는 조은영양(16·수원 서광학교 중2 과정)은 진눈깨비가 흩날리던 1일 아침 등굣길에 경기 수원시 송죽동의 장안신협을 찾았다. 조양은 학교에 가지 않는 날을 빼면 3년6개월째 하루도 거르지 않고 매일 장안신협에 얼굴을 내밀었다.

이날 아침 조양이 신협 정문을 두드린 시간은 여느 때와 같이 8시20분. 여느 금융기관은 아직 점포 문을 열지도 않은 시각이다. 하지만 신협 직원들은 노크 소리가 들리자마자 마치 일상적인 일인 것처럼 셔터 문을 열어 "안녕" 하면서 조양을 환하게 맞았다. 조양은 편치 않은 걸음걸이로 창구에 다가가 통장과 함께 1,000원짜리 지폐 2장을 내밀며 입금을 요청했다.

창구 직원은 정식 영업이 시작되는 9시보다 40분 이른 시각이었지만 마치 일상적인 일인 양 익숙한 일처리로 2,000원을 계좌에 넣었다.

조양과 이 신협 직원들의 우정이 싹튼 것은 2002년 5월 어느 날 아침 8시20분이었다. 몸과 마음이 편치 않은 한 소녀가 부자연스러운 행동으로 2,000원을 들고 입금해 달라며 찾아온 것이다. 직원들은 처음에는 매일 아침. 정식 개점시각보다 40분 일찍. '단돈' 2,000원을 든 채 찾아오는 조양이 결코 반가울 리가 없었다. 입금을 거절하자는 얘기가 나오기도 했다. 하지만 조양의 어머니 이애연씨(43)의 말을 듣고서 이 점포 직원들은 생각이 달라졌다.

이씨는 "딸이 즐거워하는, 몇 안 되는 일과 중의 하나가 '저금'입니다. 나를 따라 은행에 자주 다니더니 매일 은행에 가자고 졸라댑니다. '딸의 정신 건강을 위해서는 어쩔 수 없다'고 판단해 마침 등굣길에 있는 장안신협을 통해 딸의 '소원'을 들어주고 있는 셈이지요"라고 말했다.

조양에게는 지난 3년6개월간 매일 2,000원씩의 입금 기록이 적힌 통장이 7개나 된다.

신협 직원들은 "은영이가 전국의 금융기관 창구 중 가장 이른 시각에 입금하는 손님"이라고 우스갯소리로 말하고 있다. 직원들은 조양의 돈을 계좌에 넣는 시각이 전산처리가 시작되기 이전이어서 수기(手記)로 통장을 작성한다. 직원들은 귀찮음 대신 "은영이 덕분에 정식 개점시각보다 이른 시각에 점포를 찾는 손님도 많아졌다"고 말했다.

신협 이현상 차장은 "은영이가 8시20분보다 5분이라도 늦게 오면 직원들이 걱정을 할 정도로 우정이 깊어졌다"고 말했다.

조양은 선천적으로 뇌에 장애가 생겼다. 간단한 단어 몇마디 말고는 의사소통이 어렵고 보행도 불편하다. 하지만 이 신협에 들러 매일 저금하는 순간 만큼은 이 세상 그 누구도 누릴 수 없을 정도로 조양에게는 행복한 시간이다.

어머니 이씨는 "저금을 시작한 이후 활발해졌고 낯가림도 줄었다"고 말했다. 곽미영 담임교사(34)는 "혼자서는 화장실도 못 갈 정도로 불편하지만 저금을 시작한 이후 적극적인 태도로 바뀌었다"고 기뻐했다.

조양은 '홀로서기'의 꿈을 이룰 때까지 저금을 멈추지 않을 작정이다. 그 때까지는 장안신협 직원들과의 우정도 지속될 것이다.

황인찬기자
hic@kyunghyang.com

> 은영이는 아침마다
> 2,000원씩 '희망'을
> 저축하고, 신협 직원들은
> 기꺼이 40분 일찍
> 문을 엽니다.
> 3년6개월째
> 변함없는 우정,
> 7개의 통장엔
> 행복이 쌓여갑니다.

01 신협 직원들이 은영이를 위해 다른 지점보다 일찍 문을 여는 소식은 듣는 이의 가슴을 훈훈하게 만듭니다. 신협 직원들의 작은 실천을 보고 여러분은 어떤 생각이 들었나요?

02 신협 직원들은 앞에서 이야기 한 것과 같이 다른 지점보다 한 시간 반 정도 앞당겨 은행 업무를 시작하죠. 이것이 은영이만 위한 일이었을지 아니면, 다른 의미가 있었는지 생각해 보고 자신의 생각을 써 보세요.

03 위의 신협이 다른 지점보다 업무를 일찍 시작해서 나쁜 점은 없을까요? 어떤 점이 좋고 어떤 점이 나쁠지 이야기해 보세요.

좋은 점	나쁜 점
1.	
2.	
3.	
4.	
5.	

04 장애인 친구들에게도 여러분과 똑같이 교육을 받을 권리가 주어졌어요. 여러분과
장애인 친구들이 함께 수업을 받으면 어떤 문제점들이 생길지 생각해 보세요.

05 여러분은 장애인이 비장애인과 같은 교실에서 공부하는 통합교육이 더 효율적인지,
아니면 특수시설에서 따로 교육하는 것이 더 효율적인지 생각해 봤나요? 여러분의
생각을 정하고 왜 그렇게 생각하는지 타당한 근거를 들어 이유를 설명해 보세요.

같이 공부하는 것이 좋다
①
②
③
④
⑤

특수 시설에서 따로 공부하는 것이 좋다
①
②
③
④
⑤

 다음은 영국의 예술가 앨리슨 래퍼의 <세계여성상> 시상식에서의 인터뷰 기사입니다. 선천적 단지증 장애인인 그녀가 장애를 극복하고 당당하게 살아 낸 이야기를 읽고 다음 물음에 답해 보세요.

팔없는 그녀, 세상 부러움을 사다

英예술가 앨리슨 래퍼에 '세계여성賞'

선천기형 딛고 입·발로 그림·사진

날 때부터 두 팔이 없어 입과 발로 그림을 그리고 사진을 찍어온 예술가가 올 한 해를 빛낸 '세계의 여성'으로 꼽혔다. 오스트리아 빈의 월드어워드 조직위는 올해 '세계 여성상'(Women's World Awards) '성취' 부문 수상자로 영국의 화가이자 사진작가인 앨리슨 래퍼(Lapper·40)를 선정했다고 29일 밝혔다. 월드어워드는 2000년 오스트리아 작가인 게오르그 킨델과 미하일 고르바초프 전 러시아 대통령이 제정한 상으로, 지난해부터는 여성을 대상으로 12개 부문에 걸쳐 시상해 왔다.

래퍼는 선천성 질병인 단지증(短肢症) 때문에 팔 없는 아기로 태어났다. 다리도 허벅지와 발이 붙어 있었다. 생후 넉 달 만에 장애인시설에 버려진 그는 이곳에서 19년을 보내야 했다. "정신마저 불구일 수는 없었다"는 그는 미술에 열정을 쏟아붓기 시작했다. 1994년 브라이튼 대학(미술 전공)을 우등 졸업하고부터 전시회를 통해 이름을 세상에 알렸다.

그는 자신의 작품을 두고 "팔 없이 태어났다는 이유로 나를 기형이라고 여기는 사회 속에서, 육체적 정상 상태와 미(美)의 개념에 물음을 던진다"고 설명했다. 끝없는 영감의 원천은 자신처럼 팔이 없는 고대 희랍 미인상(像), 밀로의 비너스였다.

22세 때 첫 결혼에 실패했던 그는 그 후 미혼모가 되어 아기를 낳았다. 당시 의사는 기형아 출산을 걱정해 말렸지만 아들은 온전한 모습으로 세상에 나왔다. 그는 '장애인 엄마'에 대한 사회의 편견을 깨기 위해 모자(母子) 사진전까지 열었다. 임신 당시 그녀의 모습은 지금 런던 트래펄가 광장에 높이 3.6m 조각상으로 남아 있다. 임신 9개월 된 그녀를 모델로 한 마크 퀸의 작품 '임신한 앨리슨 래퍼'가 공모전을 통해 지난 9월 이곳에 설치된 것.

그는 여권 신장을 위한 사회 활동에도 앞장서 왔다. 국제 앰네스티가 28일 런던에서 개최한 '여성에 대한 폭력 중단' 전시회에도 작품을 낸 그는 "전 남편의 손에 고통을 당해 봤기 때문에 가정 폭력의 느낌이 어떤 것인지 안다"고 했다.

강철 같은 의지와 지극한 예술혼은 일찍이 많은 이들의 주목을 받았다. 2003년 스페인은 '올해의 여성'상을, 영국 왕실은 대영제국국민훈장(MBE)을 각각 수여했다. 지난 9월 펴낸 자서전 '내 손 안의 인생'은 한국어를 비롯, 독일·스페인·이탈리아·일본어 등으로 번역됐다. 이 책에서 그녀는 "나 같은 장애인들이 다른 사람에게 우리 삶이 어떤 것인지 알리려 하지 않는다면, 이들은 우리의 어려움들을 결코 이해할 수 없을 것"이라고 썼다.

전병근기자 | 블로그 bkjeon.chosun.com

29일 독일 라이프치히에서 열린 '세계여성상' 수상식에서 '성취' 부문으로 선정된 장애인 예술가 앨리슨 래퍼가 이 상의 운영위원장인 미하일 고르바초프 전 러시아 대통령으로부터 트로피를 받고 있다.

☞ <조선일보>, 전병근 기자, 2005.11.30.

그녀는 19년 동안이나 장애인 시설에서 지내다가 "정신마저 불구일 수는 없었다"는 불굴의 의지를 가지고 세상으로 나왔어요. 그녀의 임신 모습을 조각한 조각상은 런던 트래펄가 광장에 남아 있답니다. 그런데, 이 조각상 철거에 대한 논란이 있다는군요. 여러분 생각은 어떤가요?

철거해야 한다	철거 할 수 없다

장애인의 외형은 정상인과는 다르기 때문에 이질감을 줄 수도 있어요. 하지만 그들도 여러분처럼 하고 싶은 일도 많고 꿈도 많은 사람일 거예요. 주위에 장애인을 볼 때, 내 반응은 어떠한가요?

앞에서 살펴보았듯이, 장애에는 선천적인 장애도 있지만, 사고로 인한 후천적 장애도 있어요. 나와 이웃하는 장애인에게 내가 할 수 있는 일들을 말해 보세요.

내가 장애인에게 할 수 있는 일 다섯 가지
①
②
③
④
⑤

생명존중과 안락사

교과서 관련 단원 5 : 삶과 갈등(1) :「소설 동의보감」

주제 : 안락사는 진정한 인격존중인가?

주제선정 배경 : 사랑하는 가족이 갑자기 사고를 당해 식물인간이 되어 혼수상태로 침대에 누워있다면 어떻게 하는 게 현명한 선택인지 누구나 갈등하게 된다. 안락사에 대해서는 생명은 사람이 선택하고 결정지을 일이 아니라고 하는 반대의 의견과 괴로워하는 환자를 위해 안락사 시키는 것이 더 현명하다는 찬성의 의견이 서로 엇갈리고 있다. 어떤 선택이 더 현명한지 생각해보고 자신의 의견도 말해보자.

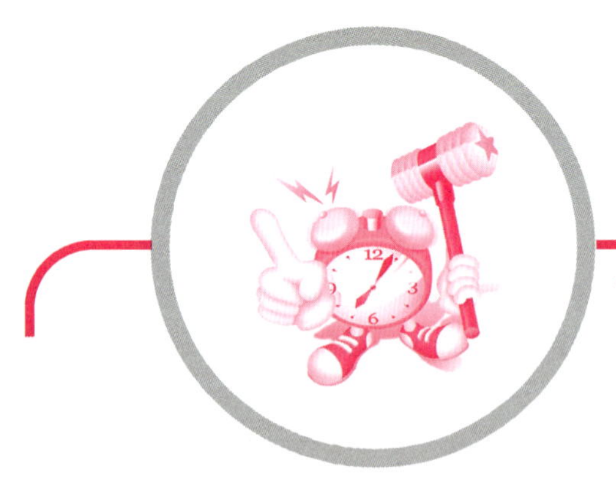

다음은 인터넷 사이트 <Daum>에서 안락사에 대한 네티즌의 댓글입니다. 잘 읽고 물음에 답하세요.

안락사를 허용하면 안 된다? 허용해도 된다? 25 ★

Re : 안락사를 허용하면 안 된다? 허용해도 된다?
나야 승주님 작성 | 답변채택률 : 0/1 작성일 : 05-11-30 20:55

안락사를 허용해도 된다고 생각합니다. 왜냐하면 안락사는 그 동물을 위해 죽이는 것이기 때문입니다. 만약에 안락사를 시키지 않으면 그 동물은 더욱더 아파하며 죽기 때문입니다. 그래서 안락사를 시켜도 된다고 생각합니다.

Re : 안락사를 허용하면 안 된다? 허용해도 된다?
아악나만봐♥님 작성 | 답변채택률 : 0/12 작성일 : 05-11-30 21:42

저도 안락사를 허락해도.

Re : 안락사를 허용하면 안 된다? 허용해도 된다?
왕지네님 작성 | 답변채택률 : 15/128 작성일 : 05-12-01 11:43

한국의 경우 의료계는 물론이고 법의 해석 및 윤리·종교상 견지에서 해결해야 할 문제로 남아 있는 실정이다. 이상입니다. ^—^

Re : 안락사를 허용하면 안 된다? 허용해도 된다?
미리내엔젤님 작성 | 답변채택률 : 46/289 작성일 : 05-12-02 11:50

<찬성하는 이유>

첫째, 일반인들의 상상을 초월하는 고통 속에서 (그 고통을 해결할 의학적 처치도 어려운) 단지 생명만을 연장하고 있는 사람들이 그 고통으로부터 벗어나는 길이 죽음밖에 없을 때 자신의 자유의지와 확고한 신념에서 안락사를 선택한다면 그의 선택을 인정하는 것이 그의 삶의 존엄성을 인정하는 것이다. 의학이 발달하기 이전에는 자연사했을 사람들이 의학의 발달로 생명이 연장되고 고통에 시달리고 있다. 이런 상황에서 소극적 안락사(치료의 중단)는 특히 인정되어야 하고 적극적 안락사(사망에 이르도록 적극적 조치를 취함)도 신중히 고려되어 인정되어야 한다.

둘째, 말기환자, 소생 가능성이 거의 없는 환자로 인해 육체적, 심리적, 경제적 고통을 감수하는 가족들의 고통을 위해서도 사회적 제도로 안락사는 인정되어야 한다.

셋째, 뇌사를 법적으로 인정하게 되면 뇌사자의 장기이식이 가능해지며 (뇌사자 본인이 생전에 의사를 표현했거나 그의 가족 동의에 따라) 이로 인해 생명을 얻는 사람들이 생기게 된다.

<반대하는 이유>

첫째, 누구도 자신의 생명과 다른 사람의 생명에 대한 소유와 권리를 가지고 있지 않다. 안락사는 그것이 자의적인 행위이든 타의적인 행위이든 살인 행위이다.

둘째, 가족은 서로가 고통 받을 때 그것을 인내하고 함께 이겨나가야 하는 공동체이며 그것이 가족간의 의무이다.

셋째, 제3의 방법 즉 호스피스 활동의 확산으로 안락사와 같은 극단적인 방법이 아니라 환자나 가족들이 자신과 가족들의 노력, 그들을 돕는 활동을 하는 사람들의 도움을 받아 자신과 가족이 처한 고통을 극복하고 편안한 죽음을 맞이하도록 하는 것이 바람직하다.

<찬성>

1. 죽음 연장 무의미 – 과잉 진료, 의료 기회비용 확대(독점), 사회 분배 역행, 비효율

2. 이별의 고통을 줄인다 – 경제적, 정신적 : 가족, 환자

3. 자신의 의지로 판단하고 생활할 때 인간이다

<반대>

1. 생명 경시 – 효율성으로 인간 평가

2. 후진국에서 경제적, 사회적 약자가 주대상 – 은근히 강요됨

   (노인이나 장애인이 죽고 싶어함 – 의지가 약해졌을 때 일시적인

   심리 현상을 현실로 인정)

3. 장기 부정 이용 가능성

4. 의료진 편의에 따라 인위적으로 죽음을 결정 – 실수 은폐

5. 호스피스 제도 활용 – 품위 있게 죽을 수 있도록

<안락사 판단 기준>

1. 회복 불가능 판단을 의학적으로 입증

2. 본인이 결정

3. 가족간 합의

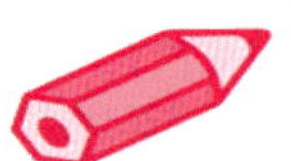

사람들이 안락사를 '자비로운 살인'이라고 말합니다. 그렇게 부르는 사람들의 근거는 무엇이라고 생각하는지 말해 보세요.

2 만약에 여러분이 키우는 개가 있는데, 여러분의 가족 중에 알레르기 체질이 있어서 개를 키우면 안 되는 상황에 놓였다고 상상해 봅시다. 여러분은 어떻게 할 건지 이야기해 보세요.

의견 1	
의견 2	
의견 3	

3 여러분은 '안락사 합법화를 위한 자발적인 모임'의 회원으로 가입할 것인지 아니면, 가입하지 않을 것인지에 대해 이유를 들어 자신의 입장을 정리해 보세요.

가입한다	가입하지 않는다

안락사는 진정한 인격존중인가?

다음은 크린트 이스트우드 감독의 <밀리언 달러 베이비>라는 영화 대사입니다. 잘 읽고 물음에 답하세요.

〈밀리언 달러 베이비〉

출연 : 크린트 이스트우드, 힐러리 스웽크,
모건 프리먼

\# 병원

프랭키 : 다리를 잘랐어. 괜찮을 거야.

매기 : 항상 대장 말은 잘 듣잖아요.

프랭키 : 필요한거 있니?

매기 : '모쿠슈라'가 무슨 뜻이죠?

프랭키 : 시합에 졌으니 말 안 해도 되지.

매기 : 그렇게 성격이 괴팍하니 아무도 좋아하지 않죠. 우리 아빠가 그랬죠.

프랭키 : 아버지가 아마 꽤 지적이고 핸섬하셨겠군.

매기 : 또 그 잘난 예의 책 봐요?

프랭키 : 아니야. 의과대에서 나온 카탈로그인데…… 좋은 휠체어가 있대
　　　　서 입김만으로도 작동이 된다나 그럼 학교도 가고 좋지?

매기 : 부탁이 있어요. 대장

프랭키 : 좋지 뭐든 해봐.

매기 : 아빠 개 엑셀 얘기 생각나요?

프랭키 : 꿈도 꾸지 마.

매기 : 이렇게 살 순 없어요. 전 뭔가를 해냈고 세상을 봤어요. 사람들은
　　　　내 이름을 환호했고 그게 당신이 지어준 모래 이름이긴 하지
　　　　만…… 어쨌든 날 환호했죠. 잡지까지 났었고, 언제 그런 꿈을 꿔
　　　　보겠어요? 전 저체중으로 태어났어요. 아빤 내가 세상에 오기 위해
　　　　힘들게 싸웠다고 했어요. 떠나는 길도 그렇게 가고 싶어요. 더는
　　　　바라는 게 없어요. 이 문제로 대장과 싸우기 싫어요. 난 원하던 모
　　　　든 것을 했고, 가져본 거예요. 그걸 빼앗기게 하지 말아줘요. 그
　　　　환호소리가 안 들릴 때 까지 여기 누워있게 하지 말아요.

프랭키 : 안 돼. 제발. 그런 부탁은 하지마.

매기 : 부탁이에요.

프랭키 : 난 못 해.

스크랩 : (어느 날 밤, 매기는 혼자 해결책을 찾아냈어. 혀를 깨물었지.)

프랭키 : 그만, 그만! 날 봐, 보라고.

스크랩 : (과다출혈로 죽을 수도 있었지. 정신이 들자, 그 앤 또다시 혀를
　　　　물었어. 응급처치 후 아예 재갈을 물려 놓을 수밖에.)

　　# 성당

신부님 : 그건 안돼요. 그럴 순 없어요.

프랭키 : 압니다, 신부님. 아마 모르겠지만 그 앤 보통 고집이 아니죠. 그
　　　　앤 다른 선수들과는 달리…… 꼭 이유를 묻곤 자기 식대로 했죠.
　　　　타이틀전까지 갈 정도로. 향상을 한 것도 피눈물 나는 그 애 노력
　　　　의 결과죠. 이젠 그 앤 죽고 싶어 하고 난 그 애와 함께 있고 싶
　　　　어요. 그렇잖아요, 신부님.

신부님 : 이건 죄를 짓는 일이에요.

프랭키 : 그 앨 살려 주는 게 그 앨 죽이는 일이에요. 지금 제 얘기 아시
　　　　겠죠?

신부님 : 안돼요. 당신은 빠지세요. 하느님께 맡겨요.

프랭키 : 그 앤 하나님이 아니라, 나에게 부탁하고 있다고요.

신부님 : 당신은 23년을 한주도 빠지지 않고 여길 나왔죠. 그런 사람은 쉽게 자신을 용서할 수 없는 사람이에요. 어떤 죄를 짓더라도 이것하곤 비교가 안 되죠. 하느님이 없다 쳐요. 천국이나 지옥도. 그래도 이건 당신을 파괴시키는 일이에요. 당신 맘속에 깊이 남아……. 평생 후회 하며 살게 될 거예요.

프랭키 : 이미 후회하고 있다고요.

　# 체육관

스크랩 : 오전에 매기한테 갔었어. 자네가 없더군. 나 모르는 시합이라도…….

프랭키 : 자네 잘못이 아니야. 자네에게 미안해.

스크랩 : 잘도 아는군. 난 선수를 찾아냈고, 자넨 그 선수를 최고로 만들었어.

프랭키 : 근데 죽게 했어.

스크랩 : 그런 소리 마. 그 앤 용기 하나로 여길 왔고 프로가 된다는 건 꿈도 못 꿨어. 근데 1년 반 만에 타이틀전을 가졌어. 자네가 그렇게 해줬어. 죽는 사람들은 많아. 걸레질하며 접시를 닦는 사람들, 그들의 변명이 뭔지 아나? 자긴 기회가 없었다고들 하지. 자넨 매기에게 기회를 줬어. 죽으면서도 그 앤 이렇게 생각할 걸. 난 정말 행복했다. 나라면 여한이 없었을 거야.

프랭키 : 그래.

　# 병원

프랭키 : 이제 됐어. 네 산소 호흡기를 떼 줄게. 의식이 없어질 거야. 주사도 같이 놓아줄 테니, 편히 잠들어. 모쿠슈라는 '나의 소중한 나의 혈육'이라는 뜻이야.

　# 체육관

스크랩 : (프랭키는 주사를 놓아주었어. 그 애가 다신 깨어나지 않을 정도

로 충분히……. 또 깨어나 고통을 겪을까봐……. 그리곤 걸어 나갔지. 그의 모든 감정도 그 순간에 함께 죽었을 거야. 난 체육관으로 돌아와 그가 돌아오기만을 기다렸지. 프랭키는 끝내 돌아오지 않았어. 쪽지도 안 남겼으니 짐작 가는 데도 없어. 어쩌면 케이티널 찾으러 갔는지도……. 아무튼 네 아버지를 용서하렴. 어디선가 회한 속에서 살고 있을 것 같은데. 그게 어디든 평화를 찾았으면 좋겠어. 삼나무들이 울창한 그 어느 곳. 우리가 전혀 모르는 곳이겠지만. 그러나 그건 바람뿐이겠지. 지금 어디에 있건 네 아빠가 그런 분이었다는 건 알아주렴.)

01 매기는 잘 나가는 권투선수였어요. 그러나 한순간의 사고로 식물인간이 되어 버리고 말았죠. 우리 주변에도 우리를 위험에 빠뜨리는 위험요소들이 많이 있어요. 여러분의 주변에 위험요소는 어떤 것들이 있는지 모두 적어 보세요.

우리 주변의 위험 요소
①
②
③
④
⑤

02 프랭키가 매기에게 주사를 놓아 주지 않았다면 매기는 어떤 삶을 살았을까요?

03 매기가 죽여 달라고 했지만 처음에 프랭키는 절대 안 된다고 거절했어요. 하지만 매기의 고집은 쉽게 꺾이지 않았죠. 여러분이 매기가 되어 프랭키에게 진실한 편지를 써 보세요.

나의 대장 프랭키에게

04 안락사는 진정으로 인격존중을 위한 행동인지 생각해 보고, 자신의 생각에 맞는 타당한 근거를 찾아 의견을 말해 보세요.

(가) 안락사(安樂死, euthanasia)란?

'자비로운 살인'(mercy killing)이라고도 함. 고통스러운 불치병이나 신체 질환으로 고통을 당하는 사람들을 고통 없이 죽음에 이르게 하는 행위나 처치.

대부분의 법적 체계에는 이에 대한 특별한 조항이 없기 때문에 환자 자신에 의해 행해진 경우는 자살로, 타인에 의한 경우는 타살로 간주된다. 그러나 의사는 고통이 매우 심한 경우에는 생명을 연장시키지 않도록 합법적으로 결정할 수 있다. 즉 환자의 수명을 단축시킬 가능성이 있기는 하지만 환자의 고통을 경감시키는 약제를 투여할 수 있다. 20세기 후반에 여러 유럽 국가들은 안락사로 기소된 경우에 관대한 처벌과 정상을 참작한다는 특별한 조항을 형법에 두고 있다.

안락사가 도덕적으로 허용될 수 있다는 견해는 소크라테스·플라톤·스토아 학파로 거슬러 올라간다. 전통적인 그리스도교 신앙에서는 살인을 금지하는 6번째 계명에 위배되기 때문에 이를 반대한다. 안락사를 합법화하기 위한 조직적인 운동은 영국에서 1935년 C. K. 밀라드가 후에 안락사협회로 불리게 된 '안락사 합법화를 위한 자발적인 모임'을 만들면서 시작되었다. 이 모임의 법안은 1936년 상원에서 부결되었으며, 1950년 같은 논제에 대해 상원에서 재차 제안되었다. 미국에서는 1938년 미국안락사협회가 설립되었다. 현대의학의 발달로 점차 다양한 기술적 수단을 통하여 생명을 연장시킬 수 있게 되자, 특히 환자가 선택을 할 수 없는 경우에 극단적인 정신적·신체적 고통을 당하고 있는 환자의 가족과 주치의가 무엇을 결정해야 하는가라는 문제가 제기되었다.

수동적으로 생명을 연장시킬 수 있는 아무런 조치도 하지 않거나 생명을 보조해주는 기구들을 제거하면 의사들은 범죄행위로 고소를 당했고, 반면에 의식이 없는 분명한 말기 환자의 가족들은 생명 유지를 위한 특별한 기구들의 사용을 중단시키게 만드는 의학제도에 반대하여 법적인 행동을 시작하고 있다.

한국의 경우 의료계는 물론이고 법의 해석 및 윤리·종교상 견지에서 해결해야 할 문제로 남아 있는 실정이다.

(나) 美는 지금 '안락사 논쟁' 후끈

한 식물인간 여성의 안락사 여부를 놓고 미국 정치권과 법원 간 논쟁이 뜨겁다.

플로리다주 피넬라스의 순회법원 판사인 조지 그리어는 1990년 심장 발작으로 뇌손상을 일으켜 15년간 식물인간으로 누워 있는 테리 시아보(41) 남편 마이클 시아보의 요청을 받아들여 체내에 물과 음식물을 공급하는 급식 튜브 제거를 18일 명령했다.

법원의 명령대로 의료진은 이날 테리 시아보의 영양공급 튜브를 제거했다. 급식 튜브를 제거하면 그녀는 1~2주 후에 숨질 것으로 예상된다.

하지만 테리의 부모를 비롯해 민간단체, 정치인들은 '생명 존엄성'을 주장하며 안락사에 반대해 왔다. 미 상하원 의원들은 남편에게 청문회 출석 소환장을 발부한 데 이어 19일 연방법원이 안락사 결정을 재검토할 수 있도록 하는 특별법안 마련에 대해 합의했다.

이에 앞서 하원의 일부 의원들은 튜브 제거를 연기하거나 재삽입해 달라는 긴급 명령장 발부를 플로리다주 대법원에 요청했으나 대법원은 이를 거부했다. 또한 대법원은 17일 테리 부모가 제출한 튜브 제거 연기 신청도 기각했다. 연방대법원은 이 문제를 심의하길 거부했다.

조지 W 부시 대통령은 대법원의 기각 결정이 있던 17일 "심각한 의문과 상당한 의심이 있을 때 우리 사회, 법, 법원은 생명을 선호하는 가정을 선택해야 한다"며 급식 튜브 제거에 부정적인 입장을 보였다.

튜브 제거 후 아내의 곁을 지키며 "아내에게 평화가 오고 있음을 느낀다"고 말한 마이클과 "제발 내 딸을 구해 달라"며 정치권의 지원을 간절히 호소한 부모의 법정 공방은 미 전역의 '안락사' 찬반 논쟁을 불러일으키고 있다.

☞ <워싱턴=연합뉴스>, 2005.3.28

 글 (나)에서 시아보의 부모와 남편의 입장을 설명 해 보세요. 그리고 시아보는 어느 쪽 의견과 일치했을지 상상해 보세요

 '행복하게 죽을 권리'의 관점에서 시아보의 부모를 설득하는 짧은 글짓기를 해 보세요.

사람은 누구나 태어난 곳으로 다시 돌아가게 되어있지요. 여러분의 '행복하게 죽을 권리'를 위해 자신만의 5계명을 만들어 보세요.

1계명 :

2계명 :

3계명 :

4계명 :

5계명 :

〈밀리언 달러 베이비〉 영화 줄거리는요~

프랭키(클린트 이스트우드)는 한 때 잘 나가던 권투 트레이너였지만, 소원해진 딸과의 관계 때문에 스스로 세상과의 교감마저 피하는 나이든 트레이너다. 그는 은퇴 복서인 유일한 친구 스크랩(모건 프리먼)과 낡은 체육관을 운영하면서 서로 티격태격하는 재미가 현재 유일한 낙이다.

그리고…….

링 밖에서 찾은 가족보다 진한 사랑……. '모쿠슈라!'

"항상 자신을 보호하라!"라는 프랭키의 가르침 속에 훈련은 계속되고, 마침내 매기는 승승장구하며 타이틀 매치에 나가기에 이른다. 때로는 상처를, 때로는 격려로 함께한 프랭키와 매기는 어느새 서로에게 오랫동안 잊고 지냈던 가족의 정을 일깨워주며 아버지와 딸 같은 관계로 발전해 간다.

이제서야 세상을 향해 당당히 맞서기 시작한 그들, 그러나 뜻하지 않은 치명적인 사건이 일어나는데…….

메모란

메모란

저자 소개

정기철

문학박사 / 독서·글쓰기 교육 전공
한남대학교 문예창작학과 교수
한남대학교 영재교육연구소 소장
대전교원연수원·경북교원연수원 강사

주요 저서
- 읽기교육의 이론과 실제(2000)
  (2001년 문화관광부 우수학술 도서)
- 문장의 기초(2001)
  (2003년 교사들이 선정한 중등부 문학 추천 도서)
- 창의력 개발을 위한 독서지도법과 독서신문 만들기(2001)
- 인성교육과 국어교육(2001)
  (2002년 대한민국 학술원 우수학술도서)
- 논술 교육과 토론(2002)
- 새로운 시대, 새로운 글쓰기를 위한 고전 시가 퍼 올리기(2005)
  外 다수

주요 논문
- 문학교육의 주체와 학습 방법
- <대한민보> 소재 시조의 형식적 특성과 글쓰기 교육으로서의 함의
- 한국 전래동화의 교육적 가치와 미래
- 가사문학의 전통과 새로운 글쓰기
- 조선 후기 가사의 담론 기반과 특성
- 새로운 매체 문화시대의 글쓰기와 시조
- 민요의 문학적 의의와 지도 방법
  外 다수

♣ 이 책을 내는데 도움을 주신
  한남대학교 영재교육연구소 언어영역 연구원 선생님들

  박경희 선생님   서진배 선생님   손민영 선생님
  송은미 선생님   이선해 선생님   천명은 선생님

♣ 그 외 도움을 주신 선생님들

  이명미 선생님   안지순 선생님

이 책을 사용하시는 선생님들은 〈daum(다음) / 카페 / 교통논술〉에 들어오시면 모범답과 수업 목표, 그리고 수업 자료를 보실 수 있습니다
  (회원 등록시 **실명**으로 등록하시기 바랍니다.)